"读懂中华文明"系列

读懂魏晋文明

华惠 编著

远方出版社

图书在版编目（CIP）数据

读懂魏晋文明/华惠编著. -- 呼和浩特：远方出版社，2024.9. --（"读懂中华文明"系列）.
ISBN 978-7-5555-1966-9

Ⅰ.K235.03
中国国家版本馆CIP数据核字第20241EU714号

读懂魏晋文明
DUDONG WEIJIN WENMING

编　　著	华　惠
责任编辑	于丽慧
封面设计	李　玉
版式设计	姚　雪
出版发行	远方出版社
社　　址	呼和浩特市乌兰察布东路666号　邮编 010010
电　　话	（0471）2236473总编室　2236460发行部
经　　销	新华书店
印　　刷	北京洲际印刷有限责任公司
开　　本	710毫米×1000毫米　1/16
字　　数	213千
印　　张	15.5
版　　次	2024年9月第1版
印　　次	2024年9月第1次印刷
标准书号	ISBN 978-7-5555-1966-9
定　　价	66.00元

如发现印装质量问题，请与出版社联系调换

前　言

魏晋南北朝（220—589年），又称三国两晋南北朝，其间，只有三十七年大一统，其余时期朝代更替很快且多国并存。

长期的封建割据和连绵不断的战争，使这一时期中国文化独具特色。其突出表现是玄学的兴起，佛教的勃兴及波斯、希腊文化的羼入。在这三百余年间，在三十余个大小王朝交替兴灭的过程中，上述诸多新的文化因素互相影响、交相渗透，使这一时期儒学的发展及孔子的形象和历史地位等问题也趋于复杂化。

魏晋南北朝虽然战乱纷繁，但是在社会经济、族群融合、思想文化等方面都有发展进步。西晋末年开始，北方大批人口南下，带去了数以百万计的劳动力和先进的生产技术。他们大量开发江南荒地，使南方经济得到长足进步：农业上兴修水利，精耕细作，扩大耕地面积；手工业方面，冶炼、纺织、制瓷、造纸、造船等发展很快；商业兴盛，城市繁荣。不仅长江流域，闽江、珠江流域都得到了开发。

由此可见，魏晋南北朝时期既有动荡、战乱的一面，又有经济、文化、族群融合繁荣发展的一面。这是一个承先启后、继往开来的时代。可以说，隋唐时期的繁荣昌盛是这个时期打下的深厚基础。

本书主要包括以下内容：魏晋南北朝时期的族群大融合、经济发展、哲学与政治思想的进步、交通、文学、艺术的创新以及科学技术的重要突破等。

目 录

第一章　五胡入华——影响深远的族群大融合 >>>

族群大融合的出现……………………………………………… 002

孝文帝改革与族群融合………………………………………… 005

胡汉服饰的融合………………………………………………… 007

音乐舞蹈艺术的融合…………………………………………… 011

扩展阅读　西域音乐的传入…………………………………… 014

第二章　木牛流马——交通运输新开拓 >>>

造车技术的发展………………………………………………… 018

畜力运用的变化………………………………………………… 022

车船制作的革新………………………………………………… 026

晋代开通的运河………………………………………………… 029

扩展阅读　诸葛亮与木牛流马………………………………… 032

第三章　兴衰际遇——群雄逐鹿下的经济发展

- 两晋时期经济概况 ………………………………………………… 038
- 南北朝时期经济概况 ……………………………………………… 041
- 获得长足发展的南朝农业 ………………………………………… 043
- 繁荣的庄园经济 …………………………………………………… 047
- 东晋南朝的手工业 ………………………………………………… 052
- 群雄割据下的对外贸易 …………………………………………… 055
- 三国两晋南北朝的赋税制度 ……………………………………… 058
- 扩展阅读　馒头等面食的由来 …………………………………… 062

第四章　鼓角争鸣——魏晋南北朝的军事

- 魏晋时期的兵户制度 ……………………………………………… 066
- 南朝武装力量的构成 ……………………………………………… 070
- 南朝的兵种与编制 ………………………………………………… 074
- 北朝武装力量的构成 ……………………………………………… 078
- 北朝的兵种与编制 ………………………………………………… 084
- 重装骑兵的兴起 …………………………………………………… 086
- 车阵的再兴 ………………………………………………………… 089
- 魏晋南北朝的军事服饰 …………………………………………… 094
- 扩展阅读　周武帝对府兵的改革 ………………………………… 097

第五章　山水庭院——魏晋南北朝的园林艺术

山水园林大量涌现 …………………………………………………… 100

优美的士人山水园 …………………………………………………… 103

皇家园林的雅化 ……………………………………………………… 106

西晋石崇金谷园与东林寺 …………………………………………… 110

兰亭 …………………………………………………………………… 112

扩展阅读　张伦宅园 ………………………………………………… 115

第六章　骈文诗赋——魏晋南北朝的文学

魏晋南北朝骈文鼎盛 ………………………………………………… 118

南北朝小说的发展 …………………………………………………… 122

南北朝的民歌 ………………………………………………………… 125

曹植的诗文 …………………………………………………………… 128

刘义庆及其《世说新语》 …………………………………………… 131

"建安风骨"的继承者：左思 ……………………………………… 134

恬淡的田园诗人——陶渊明 ………………………………………… 138

陈寿撰成《三国志》 ………………………………………………… 141

扩展阅读　建安七子 ………………………………………………… 143

第七章　百戏杂技——族群交融中的技艺创新

魏晋南北朝的杂艺 …………………………………………………… 146

三曹与杂技 …………………………………………………………… 150

幻术技艺形成 ………………………………………………………… 153

庙会与狮子舞 156

鼎技与燕戏 158

橦技与高絙 160

手技耍弄 162

扩展阅读　凤凰衔书 164

第八章　笔墨酣畅——魏晋南北朝的书画艺术 >>>

书法成为独立艺术 168

毛笔的制作对书法的影响 170

书法字体革新的代表：钟繇 174

天下第一行书：《兰亭集序》 176

风格迥异的"北碑" 180

中国画论兴起 183

顾恺之及其艺术成就 186

点睛之笔动寰宇：张僧繇 189

绘画大师：展子虔 192

扩展阅读　纸写书的普及 195

第九章　如梦如幻——魏晋南北朝的乐舞 >>>

琴学的传承 198

"清商乐"的发展与演变 201

乐律理论的推动者 206

三部影响较大的古琴曲 209

扩展阅读　《玉树后庭花》是何舞 212

第十章 日新月异——历史夹缝中的科技文明

农学经典《齐民要术》……………………………………… 216

炼钢新技术与新成就……………………………………… 219

裴秀的制图六体…………………………………………… 222

圆周率研究的进步………………………………………… 226

医学文明新星：脉学与针灸……………………………… 228

药物学的丰富与中药炮制………………………………… 233

魏华存撰《黄庭内景经》………………………………… 236

扩展阅读　祖暅与"祖暅原理"………………………… 237

第一章
五胡入华——影响深远的族群大融合

魏晋南北朝时期经历了长期的封建割据及连绵不断的战争，是中国历史上政权更迭非常频繁的时期，但同时又是我国历史上族群融合规模最大的时期；经历了东汉以来族群融合和北魏孝文帝的改革，实现了中国历史上一次影响深远的族群大融合。

族群大融合的出现

魏晋南北朝时期是我国境内各族群大迁徙、大融合的时代。鲜卑、匈奴、羯、氐、羌等族群不断内迁，族群融合使中原地区的人群增添了新鲜血液。经过三百多年，中华大地上，原来的族群布局在人口迁徙中被打破，各族群相互间不再地域隔绝；一些游牧族群也逐渐过着定居的农耕生活；汉字作为"正音"被确定下来；中原的先进文化成为大家接受的文化，而它又吸纳其他族群文化的优秀内容有了新的发展。到北朝末期，原有的族群差异逐渐缩小，实现了族群大融合。

1. "五胡"的内迁

东汉末年，由于中原王朝的军事征服以及他们授予周边族群首领官号爵位，使中国西北部和北部周边的各族群开始不断地向内地迁徙，以匈奴、鲜卑、羯、氐、羌族为主，这五个族群被统称为"五胡"，他们越过农牧分界线同中原汉人杂居。这些族群本来就与内地的汉人频繁的交往与经济文化交流，加之各族群的杂居，使其与汉人的交往、交流更加频繁，更加直接。到西晋时期，"西北诸郡，皆为戎居"，"关中之人，百余万口，率其少多，戎狄居半"，他们成为我国北部、西北部地区不可忽视的力量。

2."十六国"的族群融合趋势

由于西晋的黑暗统治及对百姓的剥削压迫，西晋灭亡后，史称"五胡"的匈奴、鲜卑、羯氐、羌等族群建立多个并立政权。比较有代表性的政权有十六个，史称"十六国时期"。这个时期，自刘渊起兵反晋建立政权至北魏统一北方地区的一百多年里，黄河流域纷纷扰扰，战祸不休，终无宁日。其间，氐族的前秦曾一度统一北方，后来与东晋大战于淝水。淝水之战后，前秦瓦解，北方仍处于各族政权林立、相互混战的状态。一方面，十六国的纷扰战乱使黄河流域的农业生产和中原文化遭到极为严重的破坏，给各族群带来无穷的灾难。另一方面，由于相互征战、百姓流亡，族群的界限逐渐被打破，中原地区形成了胡汉杂居、诸胡杂居的局面。

3.北方的族群融合

鲜卑、匈奴、羯、氐、羌等族群与汉人融合的过程是一个相互学习的过程。胡人南下入居汉人农耕文明区，逐渐改革了原有的生产方式与生活习惯，同时也把他们的优秀文化与物质文明带到了中原。后来，这也成了汉文化、生产中的重要组成部分。

内迁的各个胡人学习汉文化，实质上也促进了他们的封建化。十六国与北朝的一些"部落大人"崇尚儒学，任用汉人中的"先贤世胄"制定礼仪与政治、法律制度，如"均田令"使北魏统治下的各族群成为被束缚在土地上的农民。

由于北方族群融合加速发展，也由于大批中原农民、士人在动乱中南迁，南北之间的差异逐渐缩小。魏晋南北朝的族群大融合为隋唐大一统和经济文化的高度发展奠定了基础，在中国民族史上占有重要地位。

4. 南方的族群融合

三国时期，诸葛亮治蜀，对西南夷首领采取怀柔方式，"西和诸戎"，"南抚夷越"，改善同他们的关系，积极发展当地经济，出现"纲纪粗定，夷汉粗安"的局面。

南方族群实现编户化、郡县化，对推动"蛮户"与汉人文化融合、风俗教化发挥了重要作用，也推动了蛮、汉基层民众的社会交融。

魏晋南北朝时期，大批中原人口南迁，尤其是三吴（如今的江浙地区）接纳南迁移民最多，荆州（如今的四川、湖北等地）也有很多南下定居的中原人，这在客观上促进了族群的融合。

孝文帝改革与族群融合

北魏统一了北方,但北魏政权也面临着许多问题,如吏治混乱、财政困难、北部边境受到游牧部落的武力威胁等。北魏要巩固自己的统治就必须进行改革。

因此,孝文帝实行了大刀阔斧的改革,采取了许多利于北魏发展的措施,其中迁都洛阳与移风易俗对促进族群融合的作用最为显著。

迁都洛阳,使原为游牧部落的、文化水平较低的、社会发展相对落后的鲜卑族群进入以农耕文明为特点的、封建水平较高的中原地区,这利于其接受与学习汉人的文化,进而促进了以鲜卑族群为中心的北方内迁各族群的封建化,促进了族群融合。

移风易俗包括易服装,即鲜卑人一律改穿汉服;讲汉语,孝文帝宣布以汉语为"正音",称鲜卑语为"北语",要求朝臣"今欲断诸北语,一从正音";改汉姓,孝文帝下诏将鲜卑人原有的姓氏改为汉姓;通婚姻,提倡鲜卑人与汉人通婚;改籍贯,凡是已经迁到洛阳的鲜卑人一律以洛阳为原籍。这一系列的措施消除了族群间的语言障碍和隔阂,使鲜卑人进一

第一章　五胡入华——影响深远的族群大融合

步学习和采纳汉人典章制度和生活方式，促进了鲜卑人对汉文化的认同，同时争取到了汉人地主的支持，不仅在社会生活上实现了与汉人的融合，更有力地推动了政权向汉王朝统治模式的转化。

孝文帝的改革促进了鲜卑人及其他北方族群与汉人的融合，为今后的族群融合奠定了基础，为后来的统一提供了条件。

孝文帝拓跋宏

北魏孝文帝拓跋宏是献文帝拓跋弘的长子，北魏王朝的第六位皇帝，原名拓跋宏，后改为元宏。即位时仅五岁，490年亲政。亲政后，进一步推行改革：494年，孝文帝从平城迁都洛阳；后又改鲜卑姓氏为汉姓，改变鲜卑风俗、语言、服饰；鼓励鲜卑人和汉人通婚；评定士族门第，加强鲜卑贵族和汉人士族的联合统治；参照南朝典章制度，制定官制朝仪。孝文帝的改革对各族人民的融合和各族群的发展起到了积极作用。

胡汉服饰的融合

魏晋南北朝时期，北方族群和汉人杂居，在服饰文化方面也互相借鉴、影响。其变化大致是：宽衣博带成为王公贵族的流行服饰。北魏孝文帝颁赐百官冠服，更换胡服。由于汉服高冠博带式的传统章服不如胡服便于劳动，所以上身紧身短小、下身穿连裆裤的胡服在汉人中推广开来。这就使汉人传统的"上衣下裳"制逐渐向"上衣下裤"转变。

魏晋以后汉人常见的服装有襦、袄、衫、袍、单衣、褠、半袖、假钟、裘、裙（裳）、裤等。襦是短外衣，有复襦、单襦两种。单襦通常为布制，一般百姓所穿；上层人士则多用丝织品制作。袄与襦形制相近，大多紧身，袖较窄小，男女皆可穿。衫是敞口的上衣，各阶层通用。袍不仅作为朝服，也为一般百姓所穿用，多有里子，内可絮丝绵。制袍材料有绢、布、锦等，北朝后期其形制被改造成圆领、小袖。单衣只有一层衣料，没有里子，官吏、百姓平时多穿用。褠与单衣相似，只是其袖子是直着下来的，不像单衣那样肘部有一个弧形的悬垂。半袖是穿在外面的短袖服装，是家居便服，见外客时很少穿。假钟是一种斗篷（或称披风），北方人用来抵御风沙。裘是北方人常用的御寒服装，上自天子、群臣，下到庶民百姓皆穿皮裘；在南方也相当流行，多为修饰仪表之用。高级的用鸟羽制成，有雉头裘、孔雀裘等。裙也称为裳，是与襦相搭配的。裤主要是为腿部保暖，两条裤腿分开，裆部并未缝合。当时一般人的服装是上襦下裳，或者袍、衫等长衣服。

北方游牧族群的传统服装是袴（即裤）褶。袴是下身所穿之装，褶为上身所穿之装。汉代以前，汉人裤子的结构还很不完善，一种是并不缝出裤管，仅以一布缠于腰股之间，名"犊鼻裈"；另一种是仅用来护住腿部的下装，亦称"裈袴"，两条裤管，上部并不合裆，两裤管在腰部系带。上穿外衣如深衣、袍等加以掩盖。游牧族群由于骑射需要而创制了合裆裤，东汉末年首先在军队中流行，到魏晋南北朝时期就在汉人中流传开来。这时袴流行大口裤管，上下直幅，同等宽窄，便于行动，在膝处系一根带子将小腿处的裤管向上扎缚起来。上身则为齐膝大袖衣，即褶。到了晋朝，袴褶在汉人上层社会自天子到百官都可以穿。北魏的朝服即此服。最初，北方胡人多用较粗厚的毛布制作袴褶；后来，汉人用锦绣织成料、毛罽等来制作袴褶。

北方游牧族群传入中原的服装还有裆，即背心或坎肩。这本是军队中的裆甲，只有前后两片，无袖。这种服装既可保暖身躯，又可使两手活动自如。妇女穿的裆往往加彩绣装饰。

魏晋以后，汉人妇女的服装在传统的基础上借鉴了其他族群服式后有所发展，一般是上穿衫襦，下穿裙子。衫襦一般为右衽，在北朝也有左衽的。衫襦紧身合体，袖筒肥大，裙长曳地，多褶裥裙，下摆宽松，再加上丰盛的首饰，达到俊俏潇洒的效果。如南京石子岗出土的东晋女俑，穿长方领窄袖束腰连衣裙，发上加巾子。南京幕府山出土的南朝女俑，穿窄袖长方领紧身短衫，长裙，梳十字大髻加巾子。河北景县北朝封氏墓出土的女俑，穿交领窄袖衫，高腰长裙，戴笼冠。敦煌莫高窟西魏285窟女供养人，穿大袖衫，腰裙内衬长裙。

汉人名士和文人的服饰多为宽衣缓带。他们崇尚虚无，任情不羁，甚至穿宽松衣衫，敞开衫领，袒露胸怀。南京西善桥出土的竹林七贤砖刻中，嵇康和阮籍穿的衣服便是当时文士的典型服饰。

军队的甲胄有筒袖铠，其胸背甲片连在一起，肩部有筒袖，护头的兜鍪两侧有护耳，前额眉心处稍有下突，顶部中心竖起长缨。东汉已有此形式，西晋仍采用。筒袖铠由金属和皮革制成，铠甲呈鱼鳞状的由金属制成，呈龟背状的由皮革制成。裆铠和明光铠流行于南北朝。裆铠与柄裆衫相似，肩部有两条带子连接胸前和背后两大片，腰部束带，其亦有金属和皮制两种，金属甲片多为方形，又称"牌子铁裆"。这种铠甲在南北朝时已成为主流。明光铠的胸前和背后各有两大块圆形金属护片，在战场上闪闪发光，因而得名，到隋唐成为社会上应用最多的铠甲。

当时的帽子，帝王将相佩戴的叫冕、冠。帝王及王公大臣在祭祀及元会（元旦日举行的朝会）上戴冕，与衮服搭配，称衮冕。男子二十岁时加冠，表示成年。汉魏时冠成为官吏的专用物品。冠冕也成为地位较高官员的代称。冠有多种，如通天冠、高山冠、远游冠、缁布冠、进贤冠、武冠、法冠、笼冠等。通天冠为皇帝在朝会时所用，远游冠为皇帝在祭祀、朝会等正式场合以外使用，不过主要是供皇太子及宗室诸王所用，其他冠为各类官吏所使用。冠不是把头顶完全套住，而是用冠圈套在发髻上。冠两旁有两根缨在下巴处打结。

此外还有帻、帽，平民百姓多用。帻本是卑贱执事者束发用布，当时，人们往往在帻上加巾又加冠。帻的品种有介帻、平上帻、童子帻、纳言帻等。总之，帻多为低级掾吏所用，有些高级官吏在非正式场合作为便帽使用，也可与冠配合使用。帽有高顶帽、乌纱帽、鲜卑帽等。高顶帽又名白纱帽,有多种形式,有的带卷荷边,有的挂有下裙,有的带纱高屋,有的带有乌纱长耳,主要供皇帝在宴会起居时使用,并成为皇帝的标志之一。乌纱帽在南朝为士庶所通用,无贵贱之分,只是流行式样时有变化。在北方主要用鲜卑帽,又称突骑帽、长帽等,帽的两侧及脑后部分垂至肩部,称为垂裙。

妇女盛行戴假发,发式有灵蛇髻、飞天髻、盘桓髻、十字髻等。少女则梳双髻或以发覆额。贵族夫人则头戴绀色丝帛装饰的帽状假髻,插长长的簪珥,簪珥头部饰黄金龙首,口衔白珠,或以鱼形的耳挖簪为饰。

这一时期,人们脚下所穿的有履、屐、屩、靴等,用丝、麻、草、木、皮等制成,供各种人在不同场合使用。履一般在正式场合使用,如上朝、到官署办公、谒见上司或长辈等。如遇祭祀、上殿,还要脱履表示敬意。只有皇帝特许才可以剑履上殿,即带剑不脱鞋,这一般都是权臣享有的特权。履用丝、麻、皮等材料制成,讲究的上面有刺绣或缀有珍珠。装有木底的履称舃,南北朝后期曾将木底改为皮底。屐用木头制成,上面系带与脚相连接,底下突出部分称为足或齿,走泥路时方便,一般共有前后二齿。

音乐舞蹈艺术的融合

魏晋南北朝的音乐有了较大发展。曹操、曹丕、曹植及当时的文人大量创作歌词,再命人配合曲调、乐器演唱,成为一大趋势。到西晋、东晋时,作曲填词更成为时尚,上至帝王,下至文人官员创作了不少的歌词。南朝人将这种音乐称为清商乐,如陈后主创作的《玉树后庭花》。

清商乐中的一大类是吴声,在东晋南朝盛行;另一类是西曲,出自南方荆州、郢州、襄樊、邓州一带。清商乐不同于正式场合演唱的雅乐,是日常娱乐欣赏的乐曲。其歌词出自当时的帝王、官员或来自民间,题材涉及各个方面,如曹操的《短歌行》《苦寒行》是表达自己求贤若渴的心情和战争给百姓带来的苦难,王粲的《从军行》是咏唱时世艰难及军旅生活的,西晋石崇、绿珠的《懊侬歌》是写男女之情的,陈后主的《玉树后庭花》歌唱美女,其他也有演唱汉代旧曲的。

南朝梁引入了北方流传的鼓角横吹曲。陈后主曾令宫女学习北方的箫鼓,在酒宴上歌唱。

清商乐的伴奏乐器有钟、磬、琴、瑟、击琴、琵琶、箜篌、筑、筝、节鼓、笙、笛、箫、篪、埙等。

北方的十六国及北朝流行鲜卑及西域音乐。鲜卑人用鼓、牛角及横笛演奏。鲜卑风格的歌曲也有不少，北魏宫女每天都演唱这些歌曲，如《真人代歌》，至唐代还存有五十三章。

三国两晋南北朝时期，大量中原以外的音乐舞蹈传入内地。天竺乐在前凉时传入河西，龟兹乐在前秦吕光时传入，西凉乐在后凉、北凉时基于龟兹乐又结合西北地区的音乐风格而形成。

北魏平定河西，得到北凉的伎乐。伎乐在会见嘉宾的场合演奏。北魏时，不少西域人来到中国，带来了那些地方的音乐。北魏灭北燕，得到高丽乐。北魏南征也得到了流传在南方的中原旧曲及吴声西曲。

北齐人喜爱西域文化，西域音乐极为流行。齐后主高纬迷恋西域音乐，其他的音乐都不喜欢，他还能自己演奏西域乐曲并歌唱。他所喜爱的主要是哀怨的曲风，曾经收集到新的曲调，创作《无愁曲》。其音乐灵动曼妙，极富哀思。齐后主让宦官齐声合唱，到曲终时，闻者无不流泪，可见此曲极富感染力。

北方音乐中，不同地区的音乐所用乐器不同，如西凉乐的乐器有钟、磬、弹筝、挡筝、卧箜篌、竖箜篌、琵琶、五弦、笙、箫、大筚篥、小筚篥、长笛、横笛、腰鼓、齐鼓、担鼓、铜钹、贝等。龟兹乐的乐器有竖箜篌、琵琶、五弦、笙、笛、箫、筚篥、毛员鼓、答腊鼓、腰鼓、羯鼓、鸡娄鼓、铜钹、贝等。

魏晋南北朝的舞蹈除郊庙、朝飨的仪式舞蹈外，还有不少来自民间，然后用于官府宴会。魏晋时，在宴会上饮酒兴起时人们常起身舞蹈，名曰属舞。一个人先舞蹈，邀请另一人跳舞，被邀者起舞，为"报"，到南朝时变为由艺人舞蹈。有的舞蹈大量采用清商乐的乐曲。著名的舞蹈如《白纻舞》，原是三国吴地的民间舞蹈，之后在宫廷表演，此舞曲就属于清商乐。舞蹈者身穿白纻舞衣，"质如轻云色如银"。舞蹈以舞动衣袖为主，舞者身躯婀娜，徐徐而起，两臂高挥如天鹅飞翔，眼神顾盼表现出舞意情绪，舞蹈中间，舞曲音乐变急，舞蹈节奏加快。梁代以前多是独舞，之后有了群舞。

北齐的《兰陵王入阵曲》也曾被编成舞蹈，由一位男性舞者戴面具，穿紫衣，束金腰带，手执鞭，做出指挥、击刺的动作。

西域舞蹈在北朝很受欢迎。当时在北方流行的西凉、龟兹、天竺、康居国、疏勒、安国的音乐中有一些是舞曲。1971年，河南安阳北齐范粹墓出土的黄釉乐舞瓷扁壶反映了这种情况。该壶高20.5厘米，两面印有相同的胡人跳舞图画，舞人两侧各有两个乐人，左二人吹笛、击掌，右二人弹五弦琵琶、击钹，中间的舞者在莲花座上跳舞，右臂横举，左臂反手叉腰，转首回顾，右腿曲提，左脚踏地，舞姿夸张有力。五人皆高鼻深目，身穿窄袖长衫，腰间系带，脚上穿靴，应是西域舞者。

扩展阅读　西域音乐的传入

汉魏以来，中原与西域的文化交流日渐繁密，丝绸之路上乐声盈耳。被中原文化所吸引的西域乐人，从龟兹、于阗、疏勒等地奔集中原献艺定居，他们带来的各种西域音乐得到广大汉人的喜爱，像一股股清泉注入大海，与中原音乐交融汇集，蔚成大波。北方人在混战与杂居的年代里，进一步交流了音乐文化。而此时北方人的大量南迁，又把这种文化的大融合带到南方，形成魏晋南北朝时百川入海的文化局面。

当时传入中原的有天竺乐、西凉乐、龟兹乐、高昌乐、康居国乐，还有北魏的鲜卑乐，从东方传入的高丽乐等。

自张骞带回《摩诃兜勒》后，乐曲的传入至此时已相当丰富。构成其后隋七部乐的大部分乐曲恐怕均已在此时出现在中原了。当时，内附中原的西域乐人，以"昭武九姓国"的康居国、曹国、安国、米国等国的乐人为多。其中著名者，除封王开府的曹妙达之外，尚有安马驹等人。周武帝时，龟兹乐人苏祗婆随突厥皇后阿史那氏入朝，他不但以善弹琵琶闻名朝野，而且精于音律，他在琵琶上构成的所谓"琵琶七调"，源于伊朗、印度一带的音乐系统。他在琵琶上进行的转调表演，使当时的汉人音乐家深受启发，对中国传统乐律多方面的实际应用和发展起到了一个促进的作用。

乐器的输入，最有代表性的是"胡琵琶"——曲项琵琶和竖箜篌，此外，还有五弦琵琶、筚篥、羯鼓等。这些乐器与苏祗婆的"琵琶七调"一样，大多由伊朗、印度一带传入西域，再由西域龟兹等国辗转传入中原。

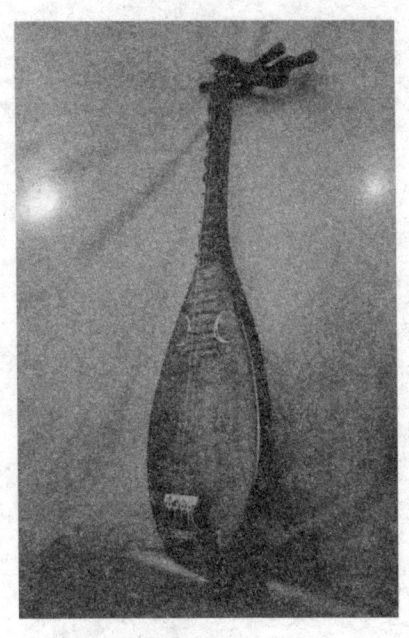

曲项琵琶

琵琶的传入及其后在中国的充分发展，应该看成是中国音乐史上的一件大事。这种目前在我国民族乐器中极富表现力的乐器，大约是在350年传入中原的。

箜篌也是一种弹拨乐器。中国古代，本有一种卧箜篌，样子像筝，据说是汉武帝时乐人侯调所造，因而此器又被称为"空侯""坎侯"。另一种竖箜篌，亦称"胡箜篌"，大约是东汉时由西域、越南、朝鲜等地陆续传入的。这种外来乐器和琵琶一样，在中原音乐家的手中充分发挥了它的性能，演奏出无数美妙的音乐，并深深地打动人心。那"千重钩锁撼金铃，万颗真珠泻玉瓶"的声音，那"大弦似秋雁，联联度陇关；小弦似春燕，喃喃向人语……声清泠泠鸣索索，垂珠碎玉空中落"的声音，本身就是诸族群友谊的颂歌。伟大的中国古代文化曾深深地影响过东方许多国家和地区；同时，许多兄弟国家、兄弟族群的文化成果也曾载着世界人民的友谊、兄弟族群的友谊，与传统中国文化互相交融。

第二章

木牛流马——交通运输新开拓

魏晋南北朝时期，机械技术的发展促进了造车技术的改进和提高。车辆的传动机构已开始使用链式传动，记道车、指南车等还使用了齿轮传动，杠杆传动、拉杆传动也使用得更加巧妙和纯熟……当时，交通变得更加繁荣通畅。

造车技术的发展

魏晋南北朝时期，机械技术显示出来的巨大潜力，引起了社会上的广泛关注。这一时期不但涌现出了马钧、杜预、祖冲之、耿询等一批机械发明家，而且产生了诸如韩暨那样尊重技术的官吏。

这一时期，运用于平地战场与具装骑兵对抗的常规战车在技术上与秦汉时期相比并无太大改进。但由于战车此时多用于防御，因而更加注重其防护力，如南朝宋将领刘康祖在北伐作战中曾在车辕上张设盾牌以保护战车。

随着造车技术的发展，魏晋南北朝时期出现了不少巨型车辆。赵石虎曾造"猎车千乘，辕长三丈，高一丈八尺，置高一丈七尺，格兽车四十乘，立三级行楼二层于其上"。为了适应战争的需要，当时的军队还发明了连续发石机、木牛流马等非常实用的作战运输车辆。随着筑城技术的改进，各种大型车式攻城器械性能不断完善，并广泛运用于攻城作战中。其中不少攻城器械虽先前已经出现，但此时的制造规模明显增大，技术含量也大幅提高，例如发石机和鞴韫车。早在春秋时期，发石机就是一种重要的攻城器械。发石机的投掷方法之一是利用杠杆原理，把梢杆（杠杆）的中间部分装配在可以旋转的横轴上，梢杆下端系上一个兜子，内置石块，梢杆上端系有多条拽绳。投射时，由多人向下猛拉绳索，即可把石块猛然抛射出去。但很长时间内，发石机不能连续发射，威力受到很大的限制。三国时，马钧发明的连续发石机，不仅抛射重量更大，速度更快，而且可以连续发射，威力有了很大提升。这一时期，战争中还使用了由輣辒车改进而来的尖头木驴。輣辒车早已出现，这种抵挡石矢打击的装置到三国两晋南北朝时仍在使用。南北朝时，顶部改为等腰三角形的輣辒车有了一个新的名称——尖头木驴。这种攻城器械是用木料制成，以大木框作底，框上栅盖呈屋脊状，以大木为脊，木"长一丈五尺"，下面安装六只轮脚。屋形呈下宽上尖状，屋"高八尺"，里面可容纳十人。攻城时，用湿牛皮蒙在外面，人员藏在里面，共同推动车辆抵达敌人的坚城之下，能有效地对付城上敌人施放的滚木、礌石、铁箭等。

其他较为常见的车式攻城器械，包括虾蟆车、撞车、钩车、冲车、云梯、车弩、木幔等也都有了更为巧妙的设计。虾蟆车是特制的大型车辆，上覆牛皮，用人力推行，攻城将士隐蔽在牛皮下躲避弓箭的射杀。撞车、钩车和冲车则分别在车上置撞木（裹以铁叶）或长钩，用以撞击或钩垮城墙。同时，因战争的需要，也出现了一些设计巧妙的新型车辆，如司南车（失传后重造）、记里鼓车、木牛流马和帆车等。这些车辆虽并非作战车辆，却能够反映出当时高超的造车技术。

司南车又称指南车，是用来指示方向的一种机械装置，一般用于行军中随时指示方向。指南车的制作由魏国的马钧主持完成。起初，马钧同常侍高堂隆、骁骑将军秦朗关于指南车还发生了争论。高、秦二人认为古代没有指南车，文献记载不实。马钧坚持认为指南车古已有之，并表示空头争论不会有结果，不如进行试验，可立即见到效果。最后，此事报告了魏明帝，明帝于魏青龙三年（235年）下诏命马钧制作。关于马钧制造指南车的事情，《晋书》《宋书》也有记载。《晋书》说："司南车，一名指南车，驾四马，其下制如楼，三级，四角金龙衔羽葆，刻木为仙人，衣羽衣，立车上，车虽回运而手常南指。大驾出行，为先启之乘。"《宋书》说："明帝青龙中，令博士马钧更造之而车成。晋乱覆亡。石虎使解飞，姚兴使令狐生又造焉。安帝义熙十三年，宋武帝平长安，始得此车。"

关于指南车的具体结构，当时和稍后的史书并无详细记载。宋代岳珂的《愧郯录》和《宋史·舆服志》记载了指南车的两种设计方案。这两种方案都使用了齿轮传动和古老的离合器技术，说明在魏晋南北朝时期我国的齿轮传动技术和离合器技术已取得了很高的成就。

木牛流马是依据蒲元的提议，由诸葛亮命其主持制作的一种具有独特形制的运输车辆。《三国志·蜀书·后主传》记载："（建兴）九年（231年）春二月，亮复出军围祁山，始以木牛运……十年，亮休士劝农于黄沙，作流马木牛毕，教兵讲武……十二年春二月，亮由斜谷出，始以流马运。"由于木牛流马的实物没有流传下来，后来屡有人按文献记载进行复制，都未能如愿。此外，《诸葛亮传》（裴松之注）中还载有木牛流马的一些尺寸。但这些记载都十分简单，且使用了一些比喻和隐语，使人们对木牛流马的具体结构产生了许多不同看法。其中比较流行的观点认为它是适应于蜀道运输的一种独轮车。《宋史·杨允恭传》、宋代高承《事物纪原》、清代麟庆《河工器具图说》、今机械工程学家刘仙洲《中国古代农业机械发明史》、历史学家范文澜《中国通史简编》等大体上均持这一观点。我国古代独轮车发明于西汉，故木牛流马应是对西汉独轮车的改进和发展。木牛流马适应了艰难的蜀道，缓解了蜀国人力物力的紧张状况，在一定程度上保障了诸葛亮北伐的粮食运输。

记里鼓车又名记道车、司里车、大章车，是用来记录车辆行驶距离的马车。记里鼓车的工作原理是利用车轮的转动，间接地把车辆前进的里程表示出来。今天的汽车里程表利用的是同样的原理。《晋书·舆服志》记载："记里鼓车，驾四，形制如司南。其中有木人执槌向鼓，行一里则打一槌。"记载了记里鼓车的工作状况。此外，《宋书·礼志》《南齐书·舆服志》、陆翙《邺中记》等都曾提到记里鼓车，《南齐书》还说其"鼓机皆在内"。晋崔豹《古今注》记载："大章车，所以识道里也，起於西京，亦曰记里车。车上为二层，皆有木人，行一里，下层击鼓，行十里，上层击镯。《尚方故事》有作车法。"由此推测，记里鼓车的出现时间应当更早。至于记里鼓车的发明者和各个时期的主要设计者、改进者，史书中未曾提及。《宋书》中也说："记里车，未详所由来，亦高祖定三秦所获。"而记里鼓车的具体结构，直到南宋时期岳珂的《愧郯录》和《宋史·舆服志》中才有了较为详细的记载，不过，由于时代久远，其可信度已大打折扣。

帆车是以风为动力的风帆车。帆车发明的时代至今无从考证，但有关帆车的记载始见于南北朝。梁元帝萧绎《金楼子》中说："高苍梧叔能为风车，可载三十人日行数百里。""可载三十人"，说明帆车是一种大型运输车辆；"日行数百里"，说明其速度相当快。

畜力运用的变化

古代中国陆路交通运输动力，说到底，无非是人力、畜力两大类（水路可用风力），谈不上什么机械动力。从这个意义上说，六朝时期没有太大的改变。然而，同样是人力、畜力，其使用的方式、规模、手段、效益，各个时期却大有不同。

先说用马。三代时期，中国人一直用马来驾车；春秋战国时期，马作为骑乘之畜才为中国人所普遍使用。豢养马、鉴别马的知识与技能也受到社会的高度重视。西汉时，为了得到马，国家专门颁布法令，要求家家养马，不许十岁以下的马出关出界，甚至不惜发动战争，派大将去西域索取汗血宝马，视之为"天马"。东汉著名将军马援，有见于"马者甲兵大本，国之大用"，认真总结了前人的相马经验。他说，相马的知识光靠口耳传授不行，"传闻不如亲见，视影不如察形"。然而，任何一匹马又不可能兼具各种特点，"今欲形之于生马，则骨法难备具，又不可传之于后"，于是铸成一尊铜马，高三尺五寸，胸围四尺四寸，将良马的口齿、身中、唇鬐等各部位的特色集于一身，使人一目了然，而且可以长久留存。马援铸的铜马模型被称作"名马式",受到朝廷的高度重视。

到了六朝,在用马方面又有了新的改革,即马镫的使用。古人骑马不用镫,体力消耗极大。六朝人发明了马镫,骑马就很方便了。这是一个极简单而有很大实用价值的发明。英国科技史家李约瑟先生说,马镫传到欧洲,促进了欧洲人的骑兵建设。可惜我们无从知道这马镫的发明者与最初的使用情况了。据考,三国时,人骑马仍是不用镫的。从长沙西晋墓出土的马俑看,西晋时也只有三角形的单镫,只供上马用。而十六国时期,北燕的冯素弗墓的出土文物中,已经有了双镫,这是迄今为止发现的最早的双镫。看来,马镫是北方人发明的,因其实用,遂推及各地。

再说用牛。在中国,用牛驾车的历史不短于用马,《尚书》中就有"服牛乘马"的说法。汉初缺马,"将相或乘牛车"(《史记·平准书》)。在汉人心目中,乘牛车是不得已的。到汉武帝即位时,经济发展了,"众庶街巷有马,阡陌之间成群",于是"乘牸牝者傧而不得会聚",母马也没人驾乘了,牛车被有财有势之人所唾弃。汉人更愿意把牛用于耕地。不过,到汉武帝后期,王侯们又开始驾乘牛车了。那是因为不得已,战争使得国家缺马。

六朝时不同,驾乘牛车竟成了富豪贵族以至皇家的一种时髦讲究。据说牛性稳实,而只要驾驭得法,其速度也相当可观,所以受到欢迎。

南朝人爱乘牛车,北朝人也一样。北魏时,北海王元祥、咸阳王元禧、彭城王元勰数人,曾共乘犊车,去朝见宣武帝元恪。《北齐书·武成十二王传》说:"魏氏旧制,中丞出,千步清道,与皇太子分路行,王公皆遥住车,去牛顿轭于地,以待中丞过。其或迟违,则赤棒棒之。"可见北魏官员普遍乘牛车。《魏书·晁崇传》载,天兴五年(402年)"牛果大疫,舆驾所乘巨犗数百头亦同日毙于路侧,自余首尾相继。是岁天下之牛死者十之七八"。看来,北方贵族与皇家乘牛出行的情况相当普遍,牛成了极重要的交通动力。

将牛用于运输、耕种，是汉以来的传统做法。杜预在西晋咸宁年间（275—280年）上书，建议将三万五千头牛分给兖州、豫州兵民，用于春耕，待收获之后，一万五千头牛每头牛征三百斛粮，使运于水次。其余一万头牛，由官军牧养之，并用于耕稼官田。一旦有事，这些牛已经过调习服用，均可征发，供应军需。可见牛具有重要的军事战略价值。北魏始光二年（425年），"诏天下十家发大牛一头，运粟塞上"，这是用牛运粮。《魏书·古弼传》载，拓跋焘曾围猎于北山，大获麋鹿上千头，便"诏尚书发车牛五百乘以运之"。古弼却没有答应，说牛是用于备战的，不能拿去游猎。又，北齐后主起大宝林寺，运石填泉，人牛死者，不可胜计。这些史实都说明，在六朝交通运输业中，牛的作用是很大的，简直比马还要受到重视。

再说用驴、骡。用驴在汉代也已见于记载，不过不太普遍。《后汉书·邓训传》载，汉明帝永平年间，想整治滹沱水、石臼河，以便漕运羊肠仓的粮食，工程艰巨，未能成功。到肃宗时，让邓训主持其事，他"更用驴輂，岁省费亿万计，全活徒士数千人"。可见，汉代已经将驴子用于运输了。南北朝时，驴子更是普遍用于工程运输与骑乘了。《魏书·萧宝夤传》载，萧宝夤从南朝逃亡至北方时，曾藏匿于山涧，向居民"赁驴乘之"。北魏拓跋焘北攻柔然，"发民骡以运粮"。大军北进，令大将司马楚之督运粮草。柔然派奸细侦察军情，偷入司马楚之的军帐，截驴耳而去。诸将不知驴耳何故被截，司马楚之说，这一定是奸细干的，敌人就要来劫营了！于是他们做好了准备，柔然军果然来袭，却一无所获。后来，北周武帝进攻突厥，征发关中公私驴马，全部充军。可见此时驴的使用已经不亚于牛马了。南朝袁淑还把驴的运输功劳写进其《驴山公九锡文》，称赞说："若乃三军陆迈，种运艰难，谋臣停算，武夫吟叹，尔乃长鸣上党,慷慨应邳,崎岖千里,荷囊致餐,用捷大勋,历世不刊。"

　　用骆驼在西北地区比较普遍,无须多说。较为特殊的是,晋代还有用羊拉车的记载。晋武帝时,领军将军羊琇私乘羊车,受到司隶校尉刘毅的弹劾。另外这一时期出现了象车。晋武帝平吴之后,南越献驯象一头,于是造作大车驾之。在皇帝车驾出行时,以象车领头,车载黄门鼓吹数十人,使越人骑象而行。

第二章　木牛流马——交通运输新开拓

车船制作的革新

《晋书·舆服志》载,依照《周礼》,只有王后才能坐安车,连周王也没有坐乘的安车。安车可以坐乘,而高车(或称立车)只能倚乘(立乘)。汉代为天子制乘舆,皇帝从此有了坐乘的车。车制的发展反映出车具制作技术的提高。汉代安车用途较多,常常用于征聘高龄有德的贤士,或赐予年老的臣下。但这毕竟是官用。到了南北朝时期,一般豪门地主也都用上了"安车"。车上有车厢,开窗棂,可以四望;施布幔,可以遮挡车内之人,尤其是妇女。

比较《后汉书·舆服志》与《晋书·舆服志》可以发现,晋代皇帝出行的仪仗队中,增加了大批新形制的车辆,其中的司南车、记里鼓车尤其引人注目。据说渡江之后,晋朝皇家的司南车的车制已经遗失,直到义熙五年(409年)刘裕攻下广固(南燕都城,今属山东青州),得到一架破损的司南车,让人修好了使用。后来,他攻入关中,灭了后秦,获得了司南车与记里鼓车,皇帝车驾这才配齐。

东汉时期,大科学家张衡曾造出了一辆指南车。后来,曹魏时期的巧匠马钧又造成了久已失传的指南车。十六国时期，后赵、后秦的解飞与令狐生二人也分别造成了指南车。刘裕入关中所得的应该就是他们造的指南车。车子运到金陵，作为皇帝出行仪仗的专用品。此车车厢高处立着一个木偶人，手指南方，不论车子如何转折回环，小木偶始终指南。它利用的是什么原理呢？这引起了人们的兴趣。南齐的大数学家祖冲之对它进行了考察，这才知道，它只具外形，内部并无太大技巧，更没有运用"司南指极"的原理，只是车厢中坐着人，用人力带动车子行进，从而带动车内的木制齿轮转动，传递转向时车轮的差动，并传导给车上的指向木人。祖冲之见后很不以为然，就动手改制。他在车厢中装上铜质机件，运转灵活，指向精确，当时引起了轰动。但制作方法没有流传下来，是否运用磁石就不得而知了。这一时期，还有人造成了指南舟，其机械原理与指南车相同。

魏晋与南北朝时期造船业的突出表现为用于江湖河海作战、运输或渔业生产的船只品类繁多，完全适应当时生产力发展的需要，适应海内外交通运输的需要。孙权时期，江南就已造出远航台湾、海南岛以至南洋的海船了。船张七帆，可逆风而行。孙权与曹操作战时，投入的战船有进攻性的艨艟斗舰，还有轻便的走舸，可供单兵使用，另有一种游艇，用于夜间潜渡，操作更是轻便。

晋人灭吴，大船是由将军王浚监造的。《晋书》上说，王浚做大船连舫，方百二十步，容二千余人，以木为城，起楼橹，开四出门，其上可驰马往来。晋代孙恩、卢循领导农民起义，曾组织水军连败晋朝大将。卢循水师"顺流而下，舟舰皆重楼"，"舟车百里不绝"。（《晋书·卢循传》）在中国农民起义史上，孙恩、卢循起义是第一个凭借水师作战的。

晋宋之际，数学家祖冲之在造成指南车之时，又运其巧思，造出了一种千里船，脚踏飞轮，击水前进，日行百余里，曾在金陵新亭江试航。他还仿诸葛亮造木牛流马，据说造成了一种不因风力水力也不劳人力而"施机自运"的器械。祖冲之把机械传动的原理用于车船制作，在科技史上也是值得一书的，可惜他的发明未能普及。

交通动力的开发利用，交通工具的制作改进，都使六朝交通在一定程度上呈现出新的面貌、研究六朝交通，不能不看到这方面的历史进步。

晋代开通的运河

晋代比较重视水路交通运输,注重开发运河水道。据史籍记载,晋代开通的运河主要有三条。

一是"浙东运河"。浙东运河是钱塘江和姚江之间几段古运河的总称,越王勾践时期已经初步形成。《越绝书》所谓"山阴故水道,出东郭,从郡阳春亭。去县五十里"说的就是这里。东汉永和五年(140年),会稽太守马臻兴建"鉴湖",建成蓄水面积达到两百平方公里的巨大防洪工程,消除了绍兴地区的水患,山阴故水道也被纳入鉴湖之内,其航道横贯于山会平原。晋惠帝时期(290—306年),会稽内史贺循主持开凿"西兴运河",从西陵(今杭州市滨江区西兴镇一带)南下,流经萧山(今杭州市萧山区一带)、钱清(今浙江省绍兴市绍兴县钱清镇一带)、柯桥(今浙江省绍兴市绍兴县柯桥街道一带),直到绍兴(今浙江省绍兴市越城区一带),航程约五十公里。随后"西兴运河"通过鉴湖与山阴故水道及其他河道相连,形成纵横交织的水路网,可以通过曹娥江、姚江,直到鄞县(今浙江省宁波市鄞州区一带),构成浙东运河的主体,航程约两百公里。

二是"扬口运河"。"扬"又作"杨"。周定王八年(公元前599年),楚国令尹孙叔敖曾开凿"云梦通渠",缩短了郢都(今湖北省荆州市荆州区纪南镇一带)与竟陵(今湖北省天门市竟陵街道一带)、沙洋(今湖北省荆门市沙洋县一带)的航程。咸宁四年(278年),司马懿的女婿杜预出任镇南大将军,都督荆州,开始修建"扬口运河"。《晋书》记载:"旧水道唯沔汉达江陵千数百里,北无通路。又巴丘湖(洞庭湖),沅湘之会,表里山川,实为险固,荆蛮之所恃也。(杜)预乃开杨口,起夏水(汉水)达巴陵(今湖南省岳阳市一带)千余里,内泻长江之险,外通零桂之漕。"就是说,杜预开凿扬口运河之后,荆州(今湖北省荆州市荆州区一带)就进一步成为水路交通枢纽,北向可以通过汉水连接襄阳郡(今湖北省襄阳市襄州区一带),直通洛阳(今洛阳市老城区一带);南向可以通过水路到达巴陵(今湖南省岳阳市岳阳楼区一带);东向可以通过长江或汉水直通夏口(今武汉市江汉区一带);西向可以通达巴郡(今重庆市渝中区一带)、蜀郡(今成都市城区一带)。

扬口运河是杜预独具匠心的杰作。荆州(今湖北省荆州市荆州区一带)虽然濒临长江,但是与汉江不能直接通航。恰好汉江的支流扬水发源于荆州城北,与长江相距很近,所谓"扬口",就是扬水汇入汉水的交汇口。于是杜预就利用扬水河道沟通长江,开掘出扬口运河,使荆州成为既能沟通汉水又可连接长江的水运枢纽。一直到南宋时期,扬口运河仍然是重要的水运交通线。

三是"江都新河"。江都新河即"征扬运河"。《水经注》记载"自永和中,江都水断。其水上承欧阳埭,引江入埭,六十里至广陵城"。就是说,由于长江主河道南移,江都运河水道中断,东晋开凿六十里新河道,从欧阳埭引长江水到广陵(今江苏省扬州市广陵区一带),与"中渎水"相连接，保持航运畅通。江都新河东起今扬州市广陵区湾头镇一节，西至扬州市仪征市泗源沟一带，长约二十七公里，后来与"中渎水"一并成为隋代南北大运河的一段，宋代称为"真扬运河"，明代改称"仪真运河"，清代称为"仪河"，史称"邗沟西道"。随着南北大运河的繁荣，江都新河的入江口逐渐形成著名的长江渡口——扬子津，唐代设立扬子县，即现在的江苏省扬州市辖仪征市。

第二章 木牛流马——交通运输新开拓

扩展阅读　诸葛亮与木牛流马

　　诸葛亮生于光和四年（181年）七月，原籍琅琊阳都（今山东省临沂市沂南县）。其先祖诸葛丰曾出任西汉司隶校尉、光禄大夫，父亲诸葛珪曾任泰山郡（今属山东省）丞。诸葛亮八岁丧母，十一岁丧父，与弟弟诸葛均被叔父诸葛玄收养。诸葛玄原任豫章（辖境相当于今江西省）太守，被免职后投奔荆州牧刘表。建安二年（197年）正月，诸葛玄死于动乱，十六岁的诸葛亮与弟弟诸葛均流落隆中（今属湖北省襄阳市），躬耕隐居。建安十二年（207年），刘备"三顾茅庐"请出诸葛亮，让其出使东吴与孙权结盟。建安十四年（209年），刘备配合孙权击败曹操，乘机夺取荆州八郡中的五个郡，即武陵郡、长沙郡、桂阳郡、零陵郡、南郡；曹操仍然占有南阳郡、章陵郡，孙权仅仅占有江夏郡。建安十六年（211年），刘备假借帮助刘璋打击张鲁之名，率军入川，命关羽"董督荆州事"，驻守公安（今属湖北省荆州市）。"以（诸葛）亮为军师中郎将，使督零陵、桂阳、长沙三郡，调其赋税，以充军实"，驻守临蒸（今属湖南省衡阳市），其地位显然在关羽之下。建安十九年（214年），刘备与刘璋反目，开始大举争夺西川，调集诸葛亮与张飞、赵云等部入川增援。当年夏，马超从汉中投奔刘备，刘备遂一举攻占成都，自称益州牧，任命关羽为前军将军，马超为左军将军，张飞为右军将军，黄忠为后军将军，赵云为翊军将军，"以（诸葛）亮为军师将军，署左将军府事，先主外出，（诸葛）亮常镇守成都，足食足兵"，其地位虽然列于关羽、马超、张飞、黄忠等人之后，但实际上已经掌管"左将军府"，显然是位轻权重。建安二十四年（219年）七月，刘备自称汉中王。此时，为刘备上表请封的一百二十名官员中，诸葛亮已经排名第五位，列于平西将军马超、左将军兼长史兼镇军将军许靖、营司马庞义、从事中郎谢援之后，位于荡寇将军关羽、征虏将军张飞、征西将军黄忠之前。章武元年（221年）四月，刘备称帝，任命诸葛亮为丞相。同年六月，张飞遇刺身亡，诸葛亮又兼任司隶校尉。章武二年（222年）六月，刘备兵败夷陵（今属湖北省宜昌市）。建兴元年（223年）四月，刘备病死，其子刘禅即位，加封诸葛亮为武乡侯，并兼任益州牧。建兴十二年（234年）八月，诸葛亮病逝于五丈原（今陕西省宝鸡市岐山县五丈原镇一带），年仅五十三岁。

诸葛亮一生致力于北伐，志在消灭曹魏，恢复刘汉天下。建兴元年刘备病亡之后，"南中四郡"，即永昌郡（今属云南省）、益州郡（今属云南省）、越嶲郡（今属四川省）、牂柯郡（今属贵州省）发生叛乱。建兴三年（225年）春，诸葛亮为稳定后方，亲自率一万五千余人南征。当年夏天，诸葛亮"七擒孟获"平定叛乱，重新开通"南方丝绸之路"。

建兴四年（226年），魏文帝曹丕病死，其子魏明帝曹叡即位，曹魏政局出现波动。建兴五年（227年）春，诸葛亮上《出师表》，率军进驻汉中，开始首次北伐。建兴六年（228年）春，诸葛亮北伐深入岐山（今属陕西省宝鸡市），因受道路交通的制约，后勤补给发生严重困难，结果兵败街亭，无功而返。

建兴六年（228年）冬，魏将曹休兵败于东吴，魏军名将张郃所部主力五万人东调，诸葛亮乘机再次举行北伐，一举夺取武都郡（今属甘肃省陇南市）、阴平郡（今属甘肃省陇南市），随即围攻陈仓（今属陕西省宝鸡市），但仍然受制于道路交通的阻碍，难以解决后勤补给，无法扩大战果。

为解决后勤运输问题，诸葛亮冥思苦想，终于设计出适应秦岭山区道路条件的木牛流马。《三国志》记载："（诸葛）亮性长于巧思，损益连弩，木牛流马，皆出其意。"但是木牛流马到底是何等机械装置，《三国志》没有具体介绍。据《南齐书》记载，祖冲之"以诸葛亮有木牛流马，乃造一器，不因风水，施机自运，不劳人力"。就是说，二百多年之后的祖冲之曾经复制过木牛流马，能够"施机自运，不劳人力"。后来《三国演义》把木牛流马写得神乎其神，但是看不出其中的机械原理。因此专家们始终认为木牛流马就是独轮车和平板车。《三国志》记载："建兴九年（231年）春二月，（诸葛）亮复出军围祁山，始以木牛运。魏司马懿、张郃救祁山。夏六月，（诸葛）亮粮尽退军。""（建兴）十一年（233年）冬，（诸葛）亮使诸军运米，集于斜谷口，治斜谷邸阁。""（建兴）十二年（234年）春二月，（诸葛）亮由斜谷出，始以流马运。"由此可见，诸葛亮建兴九年（231年）二月用"木牛"运输，但是未能解决军粮运输问题，仅四个月后就"粮尽退军"。建兴十二年（234年）二月用"流马"运输，实际上这时已经是诸葛亮生命的最后半年时间。此时，诸葛亮也许已经预见不可能彻底解决交通运输难题，因此大力推行"屯田制度"。之前的建兴十一年（233年）冬，诸葛亮整修褒斜栈道之后，于第二年春"悉大众由斜谷出，以流马运，据武功五丈原，与司马宣王对于渭南。（诸葛）亮每患粮不继，使己志不申，是以分兵屯田，为久驻之基"。建兴十二年（234年）春，诸葛亮通过一系列精心策划，与东吴同时进攻曹魏，展开最后一次悲壮的北伐，仍然被交通运输问题所困扰，最终功亏一篑。同年八月，诸葛亮病逝五丈原，令后人遗憾地感叹"出师未捷身先死，长使英雄泪满襟"。

1956年之后，全国各地先后自发成立七个"木牛流马研究会"。近年来，已经先后多次报道木牛流马复制成功的消息，有的作品甚至获得了国家专利。通观其外形，虽然有"轮式"或"腿式"之别，但基本上都是将车辆制作成牛马的外形，内部结构是利用杠杆原理，通过齿轮传动，最终以人力驱动的运输器械，并非《三国演义》中描述的那种神物。

五丈原遗址

第三章

兴衰际遇——群雄逐鹿下的经济发展

魏晋南北朝时期族群大融合,北方多战乱,大量北方人南迁,带去先进的生产技术和劳作经验,使得南方的经济迅速发展。南北经济差距缩小,趋向平衡。

两晋时期经济概况

西晋自265—316年，历四帝。其中，自晋武帝司马炎称帝至出兵灭吴前（265—280年），一直是以长江为界，晋、吴对峙；永嘉元年（307年）之后，北方割据政权林立。因此，包括"八王之乱"的十六年在内，西晋维持统一局面也不过二十多年。

从司马炎代魏到灭吴重新统一中国，前后用了十五年时间。在这十五年中，晋武帝司马炎所确立的国家战略是"积谷养民，专心东向"，为完成统一大业做积极的财政和军事准备。具体实施的政策有以下几方面。

减免赋税，缩减财政开支。265年，晋武帝代魏，随即下令"大赦复天下租赋及关市税一年，逋债宿负皆勿收。除旧嫌，解禁锢，亡官失爵者悉复之"。

"重农积谷"，发展生产，增加储备。"是时江南未平，朝廷厉精于稼穑"。晋武帝积极倡导发展农业生产。泰始四年（268年）正月，诏曰："方今阳春养物，东作始兴，朕亲率王公卿士耕籍田千亩。"并于泰始十年（274年）十二月设立了专管籍田事务的籍田令，敦促地方官员劝课农桑，并以此作为考察官吏政绩的标准之一。

实行平抑市场粮食价格的政策，以保障农业经济。泰始四年（268年）设常平仓，"丰则籴，俭则粜，以利百姓"。"平籴法"的实行有效地平抑了市场上的粮食价格，不法商贩的投机活动得到控制，保护了作为国家税源的自耕农经济，也增加了国家的粮食储备。

经过十几年的"积谷养民"，西晋的财政、军事实力足以跨越长江天险，遂于太康元年（280年）灭吴，重新统一了全国。此后，西晋王朝对当时的经济、政治、法律等各项制度进行了比较系统的改革和创新。西晋制度建设的特色在于其创立和推行了中国历史上著名的占、课田法。

此外，西晋王朝还继承和发展了曹魏时期创立的九品中正制，使之成为维护世家大族利益和特权的一种选官制度。这个制度使以司马氏为代表的西晋世家大族不仅获得了世袭爵位，而且取得了高官厚禄，萌发于东汉的门阀士族制度，从此确立了下来。这是西晋政治制度的一大特点。西晋统一全国后，制定了严格的荫户制度，规定门阀士族地主按官品高低荫亲属和荫人为衣食客，并可按官秩占田。

西晋改制尽管有很多缺陷，但它是顺应当时历史发展需要的，并具有承前启后的意义。

永嘉之乱后，北方进入"十六国"时期，受战乱的影响，大批贵族官僚、豪强地主携带宗族、家兵、部曲，甚至裹胁乡里流徙江南。长安陷落后，在江南的南北大族拥戴晋宗室琅琊王司马睿为帝，改元建武，建都建邺（因避愍帝司马邺讳，改称建康），史称东晋。东晋是门阀士族势力的鼎盛时期，自317—420年，历十一帝。

受战乱影响，大量人口南迁，史称"自中原丧乱，民离本域，江左造创，豪族并兼，或客寓流离，民籍不立"。为稳定政权，东晋王朝实行侨置郡县的政策以安置流亡士族和农民。但随着时间的推移，南下者日渐增

第三章 兴衰际遇——群雄逐鹿下的经济发展

多，不税不役的"白籍"也越来越多，造成东晋户籍制度紊乱，士族地主趁机大量招徕劳动人手。原居北方的士族一到江南便到处"求田问舍"，恶性兼并土地和人口，强力分割封建国家的赋税来源，极大地激化了阶级矛盾、社会矛盾和统治阶级内部的矛盾。如果不设法制止这种现象，封建政权将失去更多的编户，导致税源枯竭，形成"国弊家丰"的局面。于是，东晋朝廷出台了著名的"土断"政策。所谓土断，就是以土为断，将侨州郡县经过一番整理，与当地原有的政区制度结合起来，将侨人"土著化"，令其著籍输课，使他们成为封建政权所掌握的编户，承担赋役。具体点说，就是把"白籍"侨居户和浮浪人按其居住所在地编入"黄籍"，即居住在哪块土地上就被确认为哪块土地上的人，归当地郡县管理，与土著居民一样照章纳税服役，也不再享受任何免税免役的权利。

土断为东晋王朝争得了大量纳税编户，增加了财政收入，但封建政权与贵族豪强争夺人口的斗争不是几次土断就能解决的，故土断政策一直延续到了南朝时期。

南北朝时期经济概况

南朝（420—589年）是东晋之后建立于南方的宋、齐、梁、陈四个朝代的总称，有一百七十年的历史。此时，中国正处于南北分裂的时期，南朝与北方的北魏，之后的东魏、西魏，再之后的北齐、北周等国被合称"南北朝"。

南朝虽然朝代更迭频繁，但它们的基本政治特征是大体一致的，即士族门阀势力逐渐衰落，寒门庶族地主兴起，形成士族和庶族联合专政的局面。

南朝的社会经济，特别是农业，由于北方流民大量南迁和南方农民起义的推动而有所发展。随着工商业发展、土地买卖的盛行和土地所有权转移的加速，国有土地制度日趋没落。

由于国土相对狭小、战乱频繁、政权腐朽，南朝政权对百姓的赋税剥夺异常沉重，农民的生活处境一直十分悲苦。从总体上看，南方经济虽然表面上发展很快，但国家的政治活力不如北方。

从439年北魏统一北方，至581年隋朝代周，史称"北朝"。此间，

第三章　兴衰际遇——群雄逐鹿下的经济发展

北魏统一北方近一百年,后来分裂为东魏和西魏,接着北齐代东魏,北周代西魏。577年,北周灭北齐,重新统一北方。581年,北周又为隋朝所取代。

鲜卑人拓跋氏建立的北魏政权经过数十年的战争,最终实现了中国北方的统一,结束了族群政权相互割据和混战的状况,对推动群族进一步融合起到了积极作用。北魏的成功改革主要发生在孝文帝父子在位期间,史称"孝文改制"。尽管当时北部六镇仍存在一些族群矛盾,但只是局部现象,已不可能从根本上动摇中华族群大融合的局面。此时,新的统一的封建王朝正在孕育。

获得长足发展的南朝农业

东晋南朝是我国南方社会经济得到开发的重要时期。江南的开发，从春秋战国以来已经有很长的历史。但是在西汉时期这里还比较荒凉，在司马迁的笔下，"江淮以南，无冻饿之人，亦无千金之家"。由于生产力落后，商品经济不发展，贫富悬殊的情况尚不多见。

从东吴到东晋南朝时期，人们将荒凉落后的江南改造成为繁荣富饶的地区。主要原因有以下几点：一是北方人口大量南迁，带来了较进步的生产技术、生产经验和劳动力。有的地区南迁的侨民还超过了土著人口。如南徐州（今江苏省镇江市一带），共有人口42万，其中22万为南迁人口。二是一些族群出山。山越、蛮、僚、俚等族群从山区大量进入平原，增加了社会劳动力。三是南方战乱比较少。南朝和北朝的战争大多集中在长江以北，只有梁末侯景之乱给南方造成了破坏。四是部分统治者实行了有利于生产的政策，促进了南方的发展，如东晋王导、谢安实行"镇之以静"的与民休息政策，宋初的刘裕父子统治时期的"元嘉之治"等。

南方农业经济的发展主要表现在农业生产技术的提高、水利的兴修、

第三章 兴衰际遇——群雄逐鹿下的经济发展

荒地的开辟等。

西汉时，南方还处于火耕水耨阶段。《汉书·武帝纪》元鼎二年（公元前115年）九月诏书中说："江南之地，火耕水耨。"所谓"火耕水耨"就是用火烧去地面上的草木，然后放水漫灌，让草木烂在水里，作为肥料，不犁耕，甚至不动锄耙，撒了种子，秋天后就来收。经过东汉三国以来的开发，到南朝时，南方农业已经实行精耕细作。牛耕的推广不但使耕田的速度加快，而且能深耕，使地力得到充分利用，产量也大为提高。北方的区种法也传到了南方。区种法是西汉氾胜之推行的一种精耕细作的园艺式的耕作方法，集中用肥，产量较高。当时的水稻栽培技术也有了提高，个别地方出现了一年三熟。麦的种植得到了推广。此外，还有胡麻、大豆、小豆、粟等许多农作物品种的种植。

土地得到广泛开垦。一是开发山区。往往是两山之间的开阔地首先得到开垦，种植果木等经济作物，称为山垄田。如会稽、永嘉、临海、东阳等郡都有这类山地。二是围湖造田，称为圩田。在湖泊沼泽等低洼之地，周围筑起长堤，把水引向河渠，使湖泊沼泽干涸，然后开辟种植庄稼。这种田遍布于太湖、洞庭湖、鄱阳湖流域以及会稽一带。湖田有腐烂的有机物，十分肥沃，又便于灌溉，特别适宜于种植水稻。

由于垦地面积的扩大，这个时期增设了许多地方机构建制。扬州的会稽，由汉时的一郡扩大为东晋时会稽、吴、吴兴等七郡。荆州的长沙也从一郡扩为四郡。

正是由于百姓的辛勤劳动，使江南地区改变了落后面貌。南方经济发展较快的地区主要有：以三吴为中心的长江三角洲、以江陵为中心的荆州地区、以建康为中心的长江下游、以寿春为中心的淮海地区、鄱阳湖流域的豫章地区、交广地区、闽江流域等。《宋书》卷五十四《孔季恭等传》中对这一时期南方经济发展的状况有一段描述：

江南之为国盛矣……地广野丰，民勤本业（农业），一岁或稔（庄稼成熟），则数郡忘饥。会土（会稽）带海傍湖，良畴（田地）亦数十万顷，膏腴上地，亩直一金，鄠杜（长安附近户县等地）之间，不能比也。荆城（荆州）跨南楚之富，扬部（扬州）有全吴之沃，鱼盐杞梓之利，充仞八方，丝绵布帛之饶，覆衣天下。

这段话主要描写了长江下游农业生产的发展。一郡丰收，使周围数郡的粮食得到供应；粮食产量提高，从而土地价格也提高；不仅粮食发展，鱼盐、丝绵的生产也有很大发展。总之，江南经济的发展已从过去寥若晨星的"点"，扩展为遍地开花的"面"，从而使长期落后的江南与北方的经济差距缩小，南北趋向平衡。

小农经济的脆弱性

关于小农经济的个体生活图景，《汉书·食货志》中，记载了战国时期的李悝对小农五口之家占有百亩土地生活情景的描述：

"今一夫挟五口，治田百亩，岁收亩一石半，为粟百五十石，除十一之税十五石，余百三十五石。食，人月一石半，五人终岁为粟九十石，余有四十五石。石三十，为钱千三百五十，除社闾尝新、春秋之祠，用钱三百，余千五十。衣，人率用钱三百，五人终岁用千五百，不足四百五十。不幸疾病死丧之费，及上赋敛，又未与此。此农夫所以常困，有不劝耕之心，而令籴至于甚贵者也。"

李悝所建立的个体小农经济的消费模型，应该是就截上断下的一个中间标准而言的。直到西汉初年，小农家庭的人口、所耕土地依然如此。《汉书·食货志》记载晁错对文帝的上书中曾说："今农夫五口之家，其服役者不下二人,其能耕者不过百亩,百亩之收不过百石。"可见,占田令的百亩之说,事实上是对历史上关于农户可以勉强生活的基本占地亩数的法令化。至于在江南地区,在保证占有百亩耕地的基础上,小农的生活是否会有根本性的改善是值得怀疑的。但毫无疑问,这种政策肯定会有利于国家的赋税收入。

繁荣的庄园经济

"田连冈而盈畴,岭枕水而通阡。阡陌纵横,塍埒(田间土埂)交经。导渠引流,脉散沟并……供粒食与浆饮,谢工商与衡牧……北山二园,南山三苑,百果备列,乍近乍远……杏坛柰园,橘林栗圃。桃李多品,梨枣殊所……"

这是谢灵运《山居赋》中的一段。这里田埂纵横交错,渠中流水潺潺;水田中有大片绿油油的水稻,湖中盛产各种鱼禽和水生植物;南北山岭上果树成林,有杏、柰、橘、栗、梨、枣、桃、李等多种果木。从这段描述可以看出南朝时期士族田庄的一个概貌。《山居赋》还讲到,庄园中畜养鸡鸭,酿酒做醋,种桑植麻,缫丝织布,还有药圃、作坊。总之,凡是生产生活上用得着的东西,田庄里应有尽有。谢灵运自称"春秋有待,朝夕须资。既耕以饭,亦桑贸衣。艺菜当肴,采药救颓"。这样,田庄主人就可以"谢工商与衡牧"了。

庄园经济是六朝时期社会经济的重要组成部分。庄园是以六朝社会中占统治地位的世家大族为所有人,以自给自足为目的,以经营农业为主,兼营果、桑、竹、渔等副业，吸纳众多劳动力，具有较高生产效率的经济实体。

西晋末年，"五胡"入主中原，北方大族纷纷南下江南躲避战乱，他们普遍有着"无田不得食，无田不得立"的思想，渴望得到土地。而当时太湖流域等易开垦的土地早已为江南土著士族所建的庄园所占据。北来的大族们要建立自己的庄园，除了依权贱买，就只能圈占江南土著士族尚少染指、原为国家占有的山林川泽，攫取其丰富的自然资源，开辟为田。

北来的大族为占有土地而圈占山泽，划定四至，设置关卡，将自然资源占为己有。土地一经封占，士族就具有所有权，别人不能染指。南朝梁时，大士族琅琊王氏的钟山旧墅，已置业两百年，产值甚丰。梁武帝在钟山西面营造大爱敬寺，和园主王骞商量要买下这些田地"施寺"。王骞说："此田不卖，若是敕取，所不敢言。"后几经周折，梁武帝逼迫王骞"遂付市，评田价，以直逼还之"出售，勉强成交。士族一般将别墅的设置、耕地的开垦和山林经营的扩大联结起来。由于封固山泽和贱值强买的土地较为分散，因此六朝世家大族庄园经济的土地分布往往不止一处，有的甚至多达十余处。如会稽士族孔灵符，"家本丰，产业甚广。又于永兴立墅，周回三十三里，水陆地二百六十五顷，舍带二山，又有果园九处"。士族往往以别墅所在的庄园为主园，主园的选择往往兼顾生产和享受两大因素。刘宋士族谢灵运在始宁的主园就是"敞南户以对远岭，辟东窗以瞩近田。田连冈而盈畴，岭枕水而通阡"，既可颐养心性，又便于开展生产。

庄园是士族维持日常生活的主要经济来源，如刘宋士族沈庆之"广开田园之业，每指地示人曰：'钱尽在此中。'"庄园管理的好坏直接关系到庄园主财富的增减和自身生活消费的供给，因此庄园的主园往往由世家大族亲自经营和管理。如谢灵运为经营始宁庄园，"爰初经略，杖策孤征。入涧水涉，登岭山行。陵顶不息，穷泉不停。栉风沐雨，犯露乘星"。主园一般由园主亲自规划设计。

除此之外，园主还要管理主园的日常生产和财物。如刘宋士族谢弘微曾替叔父谢混管理"僮业千人"的大庄园，"弘微经纪生业，事若在公，一钱尺帛出入，皆有文簿"。由于有的庄园占地广大，日常事务繁多，人口众多，园主精力有限，不得不设置类似后世管家的"典计"管理庄园事务。他们虽然依附于庄园主，但不直接从事生产劳动，主要在庄园里监督奴婢和佃客进行生产，对庄园的经济情况进行核算、登记，并向庄园主禀报。永嘉之乱后，北方士族虽举族南迁，但是在迁徙过程中，原来同财共居的大宗族逐渐分离为一个个小家族，同宗的宗族成员也流落各地，这使北来士族建立的庄园无法再像汉、晋时使用宗族成员作为主要的劳动力。因此，六朝庄园中的劳动力主要是以各种方式脱离国家版籍的逃亡农民、门生义故等依附民为主，外加一定数量的奴婢。庄园主和劳动力之间的血缘宗法关系大大降低，取而代之的是庄园主依靠超经济强制和人身依附来控制劳动力。对于主园外分散在其他地区的田地、产业，庄园主主要是采用佃客分散经营的方式，即在掌握的土地上采取租佃制，将土地分片出租。庄园主保留土地所有权和收取额定地租的权利，对佃客在土地上的生产活动一般不加以控制。

在庄园经济中，农业生产是其主业。庄园内部，主要采用犁耕和锄耕两种方式，水田用犁，旱地用锄。由于庄园雄厚的财力，用牛作为牵引力的犁耕已在庄园中广泛应用。庄园内部，水利灌溉设施较为齐备。如谢灵运就在始宁主园中顺地势水流之便修造了许多小型灌溉工程，"导渠引流，脉散沟并"。此外，庄园一般还经营蚕桑、果竹、樵采、渔牧、冶炼、伐木、采药等副业。谢灵运在《山居赋》中就比较详细地记载了其庄园的种植和经营情况。在农业上除水稻外，兼有麻、麦、粟、菽。在蔬菜副食的种植上，有蓼、葴、蒆、荠、葑、韭、苏、姜、绿葵、白薤、寒葱、春藿。庄园内部还有大片的杏坛、橘林、栗圃等。栽种的树木有松、柏、檀、栎、桐、榆、楸、梓等。庄园饲养的鱼类有鳢、鲋、鲈、鳟、鲩、鲢、鳊、鲂、鲔、鲨、鳜、鳘、鲤、鲻、鳣等。鸟类有鸥、䴙、鹄、鹜、鹭、鸧、鹊、鹔、鷞等。庄园里还有狸、獾、熊、豺、虎、豲、鹿、麋、麀等哺乳动物。庄园还种植大量的中药材，如苟七根、五茄根、葛根、野葛根、堇华、芫华、樐华、菊华、连前实、槐实、柏实、菟丝实、女贞实、蛇床实、蔓荆实、蓼实、天门冬、麦门冬、附子、天雄、乌头、水香、兰草、林兰、卷柏、茯苓等。总之，谢灵运的始宁庄园是一个自给自足的经济体。

六朝时期，世家大族庄园经济的迅速发展离不开国家对山林川泽私有化的认可。《宋书·羊玄保传附兄子希传》就记载有刘宋朝廷承认山林

古代农耕图

川泽私有化的诏令:"大明初(457年),(羊希)为尚书左丞。时扬州刺史西阳王子尚上言:'山湖之禁,虽有旧科,民俗相因,替而不奉,熂山封水,保为家利。自顷以来,颓弛日甚,富强者兼岭而占,贫弱者薪苏无托,至渔采之地,亦又如兹。斯实害治之深弊,为政所宜去绝,损益旧条,更申恒制。'有司检壬辰诏书:'占山护泽,强盗律论,赃一丈以上,皆弃市。'希以'壬辰之制,其禁严刻,事既难遵,理与时弛。而占山封水,渐染复滋,更相因仍,便成先业,一朝顿去,易致嗟怨。今更刊革,立制五条。凡是山泽,先常熂燎种养竹木杂果为林,及陂湖江海鱼梁鳅𩶤场,常加功修作者,听不追夺。官品第一、第二品,听占山三顷;第三、第四品,二顷五十亩;第五、第六品,二顷;第七、第八品,一顷五十亩;第九品及百姓,一顷。皆依定格,条上赀簿。若先已占山,不得更占;先占阙少,依限占足。若非前条旧业,一不得禁。有犯者,水土一尺以上,并计赃,依常盗律论。停除咸康二年壬辰之科'。从之。"

东晋南朝的手工业

东晋南朝时期，在手工业和商业方面也有很大的发展。

手工业方面，原来南方就有较好的基础。东汉末，北方又有大量手工业工人南下。因此，东晋南朝南方手工业更加繁荣，极具代表性的有冶炼、纺织、制瓷、造纸、造船等行业。

冶炼业：早在春秋时期南方已经发展了冶铁。三国以后，冶炼业无论官营或私营都很发达。东晋南朝冶铁业主要由官府经营。江南有名的冶铸作坊有梅根冶（今安徽省贵池区东）、冶塘冶（今湖北省武汉市武昌区东南）和中央设置的东西二冶，规模都很大，产量也高。南北朝时冶铁技术的新成就是"灌钢"技术的发明。这种炼钢方法是把生铁和熟铁混杂在一起冶炼，效率高、品质好、成本低且工艺简便。

纺织业：纺织业的发展表现为：其一，用麻织成的布品种增加且质量提高。品种上有越布、香葛、细葛、南布等，其中高级织品极为精巧，以致刘裕因其"精丽劳人"而下令禁织。由于技术改进，到南朝末年出现了晚上浣纱而第二天早晨就织成了布的情况，叫"鸡鸣布"。其二，<u>丝织</u>

业有很大的发展。刘裕灭后秦,曾把关中锦工迁往江南,成立锦署,此后南方高级丝织业有了进一步发展。如丝织品罗縠要花一个月织成,制成幔后,内外相观,飘飘然如烟雾。南方还培养出优良桑种,豫章、永嘉、闽中等地出现了一年四熟、五熟、八熟的蚕。

制瓷业:我国是世界上最早发明瓷器的国家。早在商代,已有原始瓷器。汉朝已开始盛行以氧化铅为主要熔剂的低温色釉,釉色大体上有黄、绿、褐三种,其中尤以绿釉最为突出。当时带有光泽青釉的瓷器被称为青瓷,青瓷是中国瓷的鼻祖。东晋南朝是青瓷发展的成熟阶段,青瓷烧造成为专业。当时的瓷业以越窑规模最大,产量最高,质量最好。越窑的主要产地在浙江上虞、余姚、绍兴等地,原为古代越人的居地,这里是我国最先形成窑场众多、分布地区广、产品风格一致的瓷窑体系的地方。这里烧的青瓷使用的原料土黏度高、质地细、耐火力强,含有铁质,釉色灰青,透明而润泽,洁净如玉,在当时已能够大量生产,为南朝上流社会广泛使用。近年来,江苏、浙江六朝墓葬都有青瓷出土。宜兴西晋大将周处墓出土的文物中青瓷类器具达42件之多。其中神兽尊工艺复杂,是青瓷中的精品;熏炉极为精巧,表现了高超的烧制技术。还有仿生活用品的青瓷杵臼、米筛、畚箕、水桶、猪圈等冥器出土,说明青瓷已在生活中十分普及,已逐渐代替漆、木、竹、陶、金属制品,显示出胜过其他材料的优越性质。

造船业:南方水道纵横,舟船成为重要交通工具。中国造船业有悠久的历史。1974年,在广州发现秦汉造船工场遗址,规模大,技术先进,有三个造船台。三国孙吴曾派万人船队到夷洲(今台湾)和辽东半岛。东晋南朝造船业更有新的发展。建安郡的侯官(今属福建省福州市)、南海郡番禺(今属广州市)都是造船业中心。湘州也是制造大船的据点之一,《荆州土地记》记载:"湘州七郡,大艑之所出,皆受万斛。"据记载,

第三章 兴衰际遇——群雄逐鹿下的经济发展

东晋末年，桓玄曾率船舰二百艘与刘毅大战于峥嵘洲（今湖北省黄冈市西北长江中）；卢循、徐道覆北伐，有八槽舰九艘，皆四层，高十余丈；东晋末建康一次风灾，据说损失的船只达一万艘；梁时大船的载重量已达两万斛（约合今100吨）。有人认为，南朝齐有个慧深和尚到达了美洲，这美洲就是《梁书·东夷列传》中的扶桑国。如果这一说法属实，那么中国人到美洲要比哥伦布早一千年。

造纸业：造纸是中国古代四大发明之一。自汉代发明造纸术后，经过五百多年，到南朝，造纸业又有了更大的发展。无论在产量、质量、加工等方面都有了新的提高。在原料方面，90%仍为麻，此外，又发展了桑皮、藤皮、稻草、麦秸等。南方的"藤角纸"是上品，质地优良，常用作官方文书。藤是野生植物，角是量词，古公文一封为一角，一张纸亦称一角，故称"藤角纸"。在品种上，除白纸外，还能制造青、赤、绿、桃花等四色纸。白纸比黄纸更平滑、细薄、洁白。南朝梁萧察《咏纸诗》云："皎白犹霜雪，方正若布棋。"纸的产量也有很大提高。梁简文帝萧纲做太子时，把三万张四色纸送人。大书法家王羲之任会稽内史时，一次赠送谢安纸九万张。东晋南朝时期，纸已不再是贵重难得之物。东晋末，桓玄曾下令"今诸用简者，皆以黄纸代之"。南朝时，纸已完全代替了竹简和绢帛，这对学术文化、科学乃至书法艺术的发展都有重要的意义。

群雄割据下的对外贸易

三国两晋南北朝这段时期，中国分裂了三百多年。在北方，社会经济遭到了严重破坏，但是在南方，社会经济却在不断发展。长江流域经济地位明显上升，其对外贸易已转为海上贸易为主。闽江流域、珠江流域也加快了发展的步伐。孙吴建国东南，以水师为优势，倡导航海，曾遣舰队万余人进驻台湾。226年，把当时辖境很大的交州郡分为广州和交州二郡，广州又下设南海、苍梧、茂林、合浦四郡。这是一项顺应历史发展的明智措施，奠定了广州以后作为我国对外贸易中心的历史基础，并且加快了珠江流域的开发。

226年，罗马商人秦论来到中国当时管辖的交趾（今越南北部），取道桂湘到武昌见了孙权，申述罗马帝国与中国通商的愿望并介绍了海外概况。孙吴方面表示了积极的态度，碍于当时的客观条件，还不可能和罗马帝国建立经常直接的贸易关系，但通过第三国的中转，中国和罗马之间的贸易往来则是可行的。同年，吴国派出重臣朱应、康泰前往林邑（今越南南部）、扶南（今柬埔寨）和马来半岛等地。两人回国后，分别著有《扶南异物志》和《外国传》。

317年,晋元帝在建康建立了东晋,直到589年陈后主被俘,二百七十余年的南朝历经宋齐梁陈诸朝,都是半壁河山,力图开发江南,以求生存。于是建康(今南京)、京口(今属镇江市)、山阴(今属绍兴市)、襄阳、江陵、成都、广州等南方城市,渐趋兴旺繁荣。建康的市景百业也等于二京(长安、洛阳)之貌。海外贸易经由交州的龙编港(今属越南河内)和广州的番禺(今属广州市)。尤其广州,因为北有近道可通中原,又居南粤中央、珠江三角洲北端三江汇合之处,南出大海,集天时地利之便,故南朝对外经济贸易重心已移至广州。交、广两州均为中国南方门户,但已以广州为主。

420年,刘裕建宋,宋继续东晋的政策,发展海外贸易。宋齐梁陈诸代的对外政策大致相沿,但宋梁两朝更为积极,主要是和财政收入有关。梁魏南北相峙期间,梁利用海上贸易的优势,不仅自己进口海外异物,而且利用梁魏边镇互市,做北魏的转口生意。梁内有朝廷之需,外有边关之费,又和北魏对垒,军费浩繁,仍能财政充裕,海外贸易是一财源。北魏贵族虽出身于鲜卑部落,但多年安逸的生活也逐渐改变了原来的艰苦习性,已与封建地主阶级过着同样骄奢淫纵的生活,因此也需要从南朝转口来的香料、药物等。南北互市有助于当时的和平安定。

北魏政权也是从实际的经济利益出发而提倡对外贸易。他们除了和南朝互市外,仿效秦汉做法,开展陆道丝路贸易。因为河西走廊是兵家必争之地,又是丝道咽喉之处,北魏无力控制河西走廊之时,又开拓了从延安出发,绕行于山间去武威的丝绸岔道,保持了西域古道上的贸易往来。

南北朝时,林邑、扶南、阇婆(今爪哇岛)、干陀利(今苏门答腊岛)、狮子国(今斯里兰卡)、天竺等地都和中国保持和发展了经济贸易关系。进口货物有象牙、犀角、珍珠、琉璃、吉贝、香料之属,输出品多为绫绢丝锦等物。南朝宋政权统治了约六十年，由于倡导海外贸易，故在南海的洋面上出现了"舟舶继路，商使交属"的局面（《宋书·蛮夷传》）。对外招徕，蕃客自来，这是中国贸易史上的经验。梁代每年接待的外国商舶约十批。

总体来看，南朝的对外贸易已较两汉有较大发展。明显的区别有：一是海上贸易已占绝对优势；二是对外贸易已采取比较灵活和宽松的政策，给予外商较多的自由活动权，仿租调制征收实物税后，货物可自由贸易。由于南北朝的分立，国家未能统一，又影响了对外贸易的发展，北方的丝绸产品不能顺利出口，海外商人多从南方入境，不便来到北朝贸易。历史要求国家统一的规律是不可阻挡的，秦汉以来的对外经济贸易也要求统一的国家来为它提供更多的周旋余地。

第三章　兴衰际遇——群雄逐鹿下的经济发展

三国两晋南北朝的赋税制度

控制和争夺土地与户口，一直是历来封建王朝谋求充裕财力、巩固统治的着眼点。处于战争动乱分割而治的状况下，更是如此。东汉末，地方军阀混战，在稍得喘息之区，大量土地为士族豪强地主抢占。他们纷纷广筑坞堡，招募流亡，广占部曲、私属，荫附户口，出现了不少自保自足的大小土围子，分夺了国家的财力、物力、人力。自三国时期开始，面对这种经济衰退而又财力分散的情况，如何通过田制、田租的整顿，从所能控制的土地与户口范围内征收更多的赋税，成为各个王朝统治者力求乱中应变，治政图存、图强的头等大事。以土地农业收益为依据的田赋征收制度，从而出现了不少流迁变易，大致情况如下。

1. 曹魏时期实施的"田租户调制"

曹操在汉末主政，鉴于其统治地区经黄巾之乱多成废墟，大量荒田待垦，军需民食不足，采取了包括民屯和军屯两种形式的屯田制。专置屯田官，利用战争中夺得的劳动力和耕牛，先在许昌附近开辟屯田，然后推而广之。规定屯田区的土地属封建国家所有，耕种屯田者称为佃客（军屯则分派军士耕种），分种国家土地。凡用官给耕牛的按四六分成取租，自备耕牛的对半分成取租，佃客向国家交纳田租后，不再负担各种徭役（当时蜀、吴两国也实行类似的屯田制）。曹魏统一中原后，对各地自耕农，又改按每亩交纳田租四升稻谷，使汉末百分税一、对地主等于免纳田租的旧制发生了改变；同时，废除了两汉时期行之已久的口赋与算赋制，改为按户每年纳绢二匹、绵一斤，不再额外收取的"户调制"，自此，曹魏创制了一种新的田赋征收形式。

2. 西晋的"占田制""课田制"和"户调之式"

西晋统一后，因魏初实施的民屯制在豪强兼并扩张下渐趋破坏，国家租赋收入也随之受到损害，于是罢去屯田官，推行"占田制""课田制"。凡民屯土地，改归郡县管理，佃户或仍属佃客或成自耕农。除军屯田外，规定每一丁男占田数为七十亩，丁女为三十亩；丁男应负担田租的土地为五十亩，丁女为二十亩，次丁男为二十五亩；负担田租的地被称为"课田"，每亩每年应向官府纳租谷八升。占田数和课田数并非按户实投，只作为分配占有土地的限数和就户征课田租的标准数，借以促使农户增辟耕地，保证赋税收入和防止农户脱籍逃税，以便控制土地、户口。同时又规定：丁男之户，每年须向官府纳绢三匹、绵三斤；次女或次丁男为户者，折半交纳；边远地区及族群耕户则另有规定。以上是平均标准，实际征收时，按贫富程度分等定级。这种制度被称为"户调之式"。为了解决官僚地主占有土地和荫附户口存在过多之弊，还按官品高低规定王公贵族占有土地和荫附人口的限数，以示对特权者有一定限制。但由于官府既未能控制国内的土地户口实数，又难以遏制豪强兼并势力扩张，创行的占田制、课田制实效不大。至于分等定级的户调之式，在南北朝时则仍多沿用。

3. 东晋南朝的"度田取租"和"从丁计税"制

南迁后建立的东晋王朝没有实行西晋时的占田制、课田制，而是采取度田从丁的租调制。

东晋成帝时改就户度田征收田租，度百姓田，取十分之一，大致为亩税米三升。由于度田仅凭观察，难以掌握田亩实数，导致农户易于欺瞒隐报、逃匿税收。一般来说，拥有田地多者税负多于拥田少者，与豪强地主利益有抵触。因此，孝武帝时又废度田取租，改为从丁计税，即凡王公以下人丁，每口征米三至五斛。田地所有者，不再问田亩多少，均依此课以同额税米，结果造成课税富少贫多，税收大部分转由农民负担。南朝各代田租办法大体承袭东晋之制，但亩收租米则增为五石。梁、陈时每亩尚需另纳禄米二石，共达七石，其间尚有按亩征收二升附加者，因需而异，不尽一致。至于户调规定，亦有变易。东晋时，户丁男征调年龄改为年十八正课、十六半课，丁女以二十岁为丁，较西晋相比更宽松了。征调实物改为岁征布四匹，较西晋调绢三匹、绵三斤为轻。南朝宋、梁、陈时并改为按丁征调，每丁男调布、绢各二丈，丝三丈，绵八两，禄绢八尺，禄绵三两二分，租米五石，禄米二石，丁女半之，而男女以年十六至六十为丁，较东晋而言就重了。

4. 北魏的"均田制"和"租调制"

西晋王朝仅存在五十多年即被崛起的北方胡人灭亡，北方随即出现十六国近百年的分裂割据之乱，至北魏时北方地区重归统一。北魏孝文帝采纳了汉人大臣的建议，对财经和赋税制度做了一次全面整顿改革，主要内容是实行"均田制"和"租调制"。

均田制规定，除桑田外，一般耕地都属于国家所有，归国家分配，私人只有使用权无所有权。实行办法是：第一，按照人丁年龄、土地耕作物、奴婢劳动力、耕牛拥有数以及官吏任职等情况，分配授田。每一丁男女在及丁年龄内，可授露田四十亩，备耕田四十亩或六十亩（视土地情况而定）。每一丁男另授桑田二十亩，子孙可以承袭，具有永业性质。凡拥有奴婢者，比照授田，奴婢出卖后，所授之田归还官府。每户授田可拥牛四头，每头牛另授露田三十亩，备耕田三十亩，牛死或出卖时还田官府。地方官吏在任职地按其官职大小，授差等限数的公田，调职免官时须移交下任。第二，实行均田前，先清丈土地。地方基层建立了以五家为邻，五邻为里，五里为党，分置邻长、里长、党长的"三长制"，以管理土地、户口、赋税等事宜。北魏的均田制是我国古代实施土地国有，进行合理分配的一次实践，对于破除当时豪强势力拥占土地、荫附户口，分夺国家财政赋税之弊，促进农户生产积极性，增加财赋收入具有一定的成效。其中土地分配，区分为"口分"与"永业"之制，并为隋唐时沿用。

北魏颁行的租调制，它的主要内容是：以户为课税主体，并以一夫一妇为户，规定每户年纳布或帛一匹、粟二石，另有一些杂调。年满十五岁的未娶丁男、从事耕织的奴婢以及拥有耕牛二十头者，须另纳一定数量的租调。朝廷就租调收入的布帛总数，分为十五份，内十份作为公调，二份作为调外费，三份作为内外百官俸禄之需。为了改变原来官无俸禄、依靠剥夺奴役贪污为生的情况，北魏还全面实行了官吏"班禄制"，为此，规定每户征调布帛在原基础上加调一匹、谷二石九斗，作为百官俸禄。

此外，北魏还建立农官，实行屯田制。抽取州郡中十分之一的户，由官府给予耕地牛畜，从事屯田耕作，屯田户每年纳粟六十石，免除正赋、兵役和各种杂赋。

扩展阅读　馒头等面食的由来

我国是个农业大国，农业文明的发展历史悠久，是世界上最早培植水稻、稷、黍等作物的国家。上古时，中原人最重要的粮食是稷，黍则被认为是一种好吃的粮食，常用于年节或待客。后来麦也成了主要的粮食作物之一，但极少用来磨制成面食，只是做成干饭食用。长江流域食稻。五谷（稻、黍、稷、麦、菽）皆可做饭，如黍饭、菽饭等。汉以前，中原人吃米饭和麦饭居多。直到汉代，才有了关于"饼"食的明确记载，魏晋以后逐渐增多。这说明，汉代以后，主食有了一个显著变化，就是面点、糕饼类的食物有了很大的发展，到魏晋时开始占主要地位。

以面调水拌和而制成的面食，如点、糕、饼都通称为饼，如现代的馒头古名"蒸饼"。凡是水煮的面食，如面条、馄饨、水饺、元宵之类称"汤饼"。《御览》引《续后汉书》载："灵帝好胡饼，京师皆食胡饼。"《齐民要术》中，对面条的做法做了详细说明。古时不单馒头称"蒸饼"，把所有用蒸笼蒸的各式花馍、包子、糕点、蒸饺等都统称为"蒸饼"。起初，蒸饼不发酵，有"牢执"之称；后来才有了发酵技术，名为"起胶",这就有了"起面饼"。据《南齐书》载,西晋元康九年(299年),规定太庙祭祀用"起面饼",实则是馒头。蒸饼的形状不断改进,由扁平逐渐变成圆形,这就成了馒头。相传"馒头"一词是诸葛亮发明的,《事物纪原》说诸葛亮南征时,见当地土著杀人取头去祭神,就让他们用面做成人头状的饼来代替,起名"馒头"。当时的馒头类似于今天的包子,是有馅的。

魏晋时期饼类食品的烹饪水平已非常之高,晋人《饼赋》中曾对蒸饼的做法、色泽、形状、气味做过细致而生动的描绘,从制饼的面粉、用的馅料、所施调料、蒸时掌握的火候等细枝末节都有详述,可见当时饼类食品已很普遍。

除蒸饼和汤饼之外,还有用炉烘烤的饼干、烧饼、各式糕点之类,统称"炉饼",也有油炸的馓子,又称"细环饼"。

魏晋时期,主食除面食之外,当然也包括先秦就出现的米饭和麦饭以及其他粮食制品,常见的有粥、蒸饭、糇(干粮)、稠粥、糍粑、糗(炒熟的碎米或豆类制作的饭食)。北方多食麦饭、麦粥,南方以食稻米为主。总之,主食品种多种多样,促进了我国饮食文化的发展。

第四章

鼓角争鸣——魏晋南北朝的军事

魏晋南北朝因连绵不断的战争，军制复杂多变，新军制突出。

魏晋时期的兵户制度

兵户制度是魏晋南朝时期兵制的主要制度，是各政权兵源的制度性保障。兵户制度主要是指兵民分离，兵户终生为兵，父死子继、兄终弟及。兵户则是指在该项制度下形成的、世代以当兵为职业的社会阶层。兵户制度最初形成于曹魏时期。东汉末年的连年战乱使民众流散、人口锐减，经济的崩溃又使小农无力承担兵役。因此，曹魏为了确保充足、稳定、可靠的兵源，即放弃汉代的征兵制，转而采用东汉末年地方豪强组织私人部曲的方式来组织国家军队，即实行带有极强依附性的兵户制度。

东汉初平三年（192年），曹操在兖州受降黄巾军三十余万，男女百余万人，他从受降的黄巾军中挑选精锐组成了青州军。至曹操病逝，青州军历时二十八年始终存在，形成了一个自成编制、与众有别的特殊集团。曹操创立青州军是兵民分离的最先尝试。东汉末年战乱频仍，普通百姓朝不保夕，而军队有给养供应，因此当时军人家属随营的现象十分普遍。当时的将帅还有赡养士兵家属的义务，从而使随军家属与兵士一样受将帅的严格控制与调遣。为确保军队的战斗力，有时随军的妇女也要投入战斗，有作战能力的男子继父兄为兵更是十分常见,"父死子继"成为通例。建安九年(204年),曹操攻占邺城,平定冀州,遂将军人家属迁至邺城一带聚居,实行"人役居户,各在一方"的"错役"制度进行集中管理,实际上是把将领和士兵的家属变成了国家控制的人质,兵民分离之制至此确立,兵户(士家)制度由此形成。名在兵籍的士家,由此成为魏晋南朝时期世代为国家军队提供兵源的一个特殊阶层。

曹魏时期对兵户(士家)的管理十分严格,兵户有专门的兵籍,兵户的子女称"士息""士女",改变身份需要皇帝的诏书。兵户士家要受军纪军法的严格约束,如曹魏时期有"士亡法",法令极为严格。如果士兵逃亡,要将其妻子和儿女充为奴婢甚至处死。为保证士家人口的补充靠本阶层的人口增殖来完成,曹魏除了规定将寡妇强行配给士兵外,又严格规定:士家的女儿只能嫁给士家,士家的妻子因夫死改嫁,也只能嫁给士家。仕途方面,由于兵户属于社会下层,很少能够当官,除非有权贵、名士的提携,但这种机会又很少。如士家子赵至,志在"宦学立名",到了当兵年龄却无人识拔。当时士家子若逃亡,全家都要受法律的惩治。为避免父母受牵连,赵至于十五岁左右时曾被迫装疯出走,但还是被追了回来。后来他改名换姓,远走辽西,成为良民,还担任了辽西郡的上计吏。赵至虽然踏入仕途,但他士家子的出身一旦暴露,自己所有的努力就要前功尽弃,全家人也要跟着遭殃。因而,赵至在衣锦不敢还乡、不能荣养父母、母亲死后不能尽孝这些痛苦的长期折磨下,最终呕血而亡,时年三十七。

在兵户(士家)制度建立初期,由于战争的需要,曹魏在经济上曾给予兵户一定的优待,这使兵户的地位和处境要略高于郡县民、屯田客。随着三国对峙局面的形成,战事减少,魏文帝即位后,士家的社会地位开始出现下降趋势,士家也开始被强制性地承担屯田义务,士家遂由专门服兵

第四章 鼓角争鸣——魏晋南北朝的军事

役,变为"出战入耕"。西晋代魏后,仍然维持了兵户制度,并加大了对士家的剥削,将屯田的征收额增加为"持官牛者,官得八分,士得二分;持私牛及无者,官得七分,士得三分",使士家的负担远高于屯田户、郡县民。

西晋末年,北方大乱,人口四处流散,原有的士家兵户制度荡然无存。东晋政权为了建立一支由国家控制的军队,便采用调发奴隶、宾客等依附人口,谪补罪人家属,搜查抓捕亡户、逃兵等措施重组兵户。由于这些兵户本身就来源于社会最底层,因此东晋南朝兵户的社会地位较之原来更低。同时,豪门权贵还可以利用权力,将他们由兵户变为自己私人控制的依附人口。

东晋时期,改变了曹魏、西晋的"错役"制度,将兵户的家属安置在军营中,集中管理。兵户承担的劳役十分沉重。南朝刘宋时期,西府兵士"或年几八十,而犹伏隶;或年始七岁,而已从役"。士族权贵往往任意驱使兵户。如"(南齐)永明中,二宫兵力全实,太子使宫中将吏更番役筑,宫城苑巷,制度之盛,观者倾京师"。

就兵户而言,除了战死外,为了使自己和子弟不再遭受非人的折磨,要么被迫"断截支体,产子不养";要么逃亡和设法寻求荫庇。如东晋孝武帝太元十六年(391年)春,"发江州兵营甲士二千人,家口六七千,配护军及东宫,后寻散亡殆尽"。为此,东晋和南朝对于兵户的逃亡,往往采取十分严厉的惩罚措施。兵士一人逃亡全家补兵;一家逃亡亲戚旁族补兵。后来扩大至一人逃亡,邻伍补兵。邻伍又叛则合村皆空。其结果往往是"毒遍婴孩,虐加斑白,狱囚恒满,市血常流。男不得耕,女不得织,奔驰道路,号哭动天"。由于兵户的战斗力极差,加之逃亡、病死和士族权贵的肆意分割,到南朝宋时兵户人数锐减,难以构成军队作战的主力。为此,大明二年(458年),宋孝武帝下诏大规模地放免兵户:"先帝灵命初兴，龙飞西楚。岁纪浸远，感往缠心。奉迎文武，情深常隶。思弘殊泽，以申永怀。吏身可赐爵一级，军户免为平民。"后来，兵户制度变成了惩罚罪犯的手段，如南朝梁就有"劫身皆斩，妻子补兵"的法条。

北府兵

北府兵是东晋谢玄招募、训练的一支军队，因其开府于长江以北的京口，故称北府兵。东晋桓温执政时，考虑到南徐州、南兖州（今江苏省镇江、常州一带）北来侨民侨户"人多劲悍"，曾想将他们编成一支新军，可是还没实施，桓温即病死。谢安执政后，为了充实长江下游的军事力量以拱卫首都、抗衡上游，谋划筹募建立新军。377年，东晋任命谢安之侄谢玄为南兖州刺史，负责筹组新军。谢玄把南兖州的军府从京口移到广陵。南徐、南兖两州侨户纷纷应募入伍。彭城刘牢之"与东海何谦、琅琊诸葛侃、乐安高衡、东平刘轨、西河田洛及晋陵孙无终等以骁猛应选"。谢玄以刘牢之为参军，领精锐为前锋，百战百胜。这支队伍，经过七年的训练，成为一支精悍能战的军队，号为北府兵。从此，北府兵成为东晋朝廷在长江下游的主要军事力量。

南朝武装力量的构成

南朝时的武装力量主要有以下几种。

1. 中央宿卫军

魏晋以来，以中、外军为显著特色的武装力量体制至南朝发生了重大的变化。南朝的内、外军之分只是中央宿卫军的内部划分，与魏晋时期的中、外军之分在内涵上有明显不同。刘宋建国之初，规定"领军将军一人，掌内军；护军将军一人，掌外军"。内军（中军），即领军将军统领的驻屯于台城（皇帝居处）之内的宿卫军，其任务是保卫皇帝和宫廷。外军，即护军将军统领的驻屯于台城之外的宿卫军，其任务是保卫首都及其周围地区，亦是战略机动部队。

刘宋的中央宿卫军由刘裕所领的北府兵精锐转化而来。内军与东晋略同，有左卫、右卫、骁骑、游击各军。宋初，由领军将军统率上述诸内军，其还有直属领军营，后又省撤。刘裕为了加强内军，曾一度复置屯骑、步兵（梁为步骑）、越骑、长水、射声五校尉及虎贲中郎将、冗从仆射、羽林监三将,且增置殿中将军至二十人。

六军中的领军将军是内军首领,资历名望轻者称"中领军"。由于领军将军掌管"天下兵要",权力很大。外军的首领护军将军,资历名望轻者称"中护军",有直属护军营。护军将军的地位要低于领军将军,但权力也很大,与领军将军并称"领护",时"诸为将军官,皆敬领护"。

孝武帝即位后,对宿卫兵进行整编,复置卫尉,并在殿门与上阁门增置宿卫兵,以增强皇宫的宿卫力量。梁时,改骁骑将军为云骑将军,游击将军为游骑将军,另置左、右骁骑将军和左、右游击将军,职位在云骑、游骑将军之上。

南朝皇帝为了加强对中央宿卫军的控制,除选用亲信担任统帅官外,更由其宠臣担任制局监一职,专掌军事,以便加强对军队的控制。制局监本是一个"领器仗兵役"的"小司",南齐时权力增大,成为与领军将军与护将军平行的军事领导机构,甚至凌驾于正常军事机构之上,成为中央宿卫军实际上的最高统帅。如齐武帝时吕文度为制局监,"专制兵权,领军将军守虚位而已"。这种做法虽然加强了君主对军队的控制,却也带来了军事指挥上的混乱等弊端。

南朝各代太子东宫的宿卫兵也是当时京师的一支重要军事力量。刘裕时,东宫兵除太子左、右二卫率所统将士外,又增太子屯骑、太子步兵、太子翊军三校尉营。由于太子的皇储身份,东宫兵势力强大,在宋文帝时曾达到万人。东宫兵由太子亲自掌管,自成系统,不隶于领军将军。东宫设太子詹事一官,职位等同于朝廷尚书令或领军将军,总理东宫宿卫等事。宋室曾规定,东宫兵不得进入台城,但朝廷有战事时,东宫兵须接受皇帝调遣,出征作战。宋孝武帝即位后,认为东宫兵权太重,又撤去三校尉营,并减少东宫兵力,仅留左、右二卫率。

南朝中央宿卫军的总兵力不见具体记载,但一般认为数量很少,远不如魏晋时的中军。然而从南朝中央宿卫军的几次出兵来看，其总兵力至少有十万人。

2. 都督军队

从魏晋至南朝，都督的设置已成制度。都督府成为南朝地方上的重要军事领导机构。南朝都督沿袭两晋故制，按权力大小分为使持节、持节、假节、都督诸军、监诸军和督诸军等。承两晋以来都督滥设的趋势，南朝都督区分布于数郡，甚至数州。都督执掌一方军事大权，通常还兼任辖区内重要州、郡的刺史或太守等地方长官，既掌军又治民，成为居于州、郡之上的地方军政长官，其都督府遂成为一方军政领导机构。

都督军队常由朝廷配给，其性质是中央直属军队。南朝宋时，晋熙王刘燮曾任郢州刺史，即由朝廷"配以资力，出镇夏口"。有时被朝廷派出进行征讨的中军，也会留于方镇转为都督军队。如宋护军将军萧思话率精兵三千助镇彭城（今江苏省徐州市），不久他变转为监徐兖等四州军事、兖徐二州刺史，其所领中军遂转为都督军队。皇帝对都督军队征召调遣有一些具体限制。如宋孝武帝曾诏令"自今刺史守宰，动民兴军，皆须手诏施行"，"自非临军作战，不得专杀"。

南朝都督拥有的兵力十分可观，所谓"群蓄岳峙，锐卒精旅，动有万数"。有些大州都督所拥有的兵力更是大得惊人，如宋时沈攸之担任荆湘等八州都督和荆州刺史时，有"战士十万，铁马二千"。因而南朝各地都督管领的军队在总数上已大大超过朝廷的中军，某些大州都督的兵力也足以与中军相匹敌，这也是南朝内轻外重的政治格局的根源所在。由于拥有足以与中军相匹敌的实力，有些大州都督完全有条件违抗皇命不遵，甚至起兵谋叛。因而南朝方镇起兵向阙者史不绝书，而齐、梁二朝的开国皇帝都是通过方镇军队起事夺得帝位的。

3. 州郡兵

州、郡是都督之下的地方行政区划。这里所讲的州兵，对南朝为数不多的未设都督的州来说，即指州所拥有的地方兵；而对设有都督的州来说，则指原州系统下的州兵。州刺史僚属中有"祭酒从事史"之职，兵事归其主掌，置员人数因州之大小而不等，但州兵的最高指挥权在刺史手中。南朝郡守下设尉一人，主掌兵事，但郡兵的指挥权在郡守手中。

州郡兵的主要职责是维持社会治安，保证封建统治秩序。州、郡根据大小而领兵数不等，以郡来说，多者有兵数千人，少者也有数百人。

南朝的兵种与编制

南朝的长江中下游地区，江河湖泊星罗棋布，水运便利，而且先后以黄河、淮水、长江为守，其水军兵力比较雄厚，是军队中的主要兵种。南朝各代出兵，或以舟师为主，或必辅以舟师。晋末刘裕几次北上作战，都是以水军为主。宋文帝刘义隆抗击北魏军队南进，沿长江建立防线时，"游逻上接于湖，下至蔡州，陈舰列营，周亘江畔，自采石至于暨阳，六七百里，船舰盖江，旗甲星烛"。宋南郡王刘义宣起兵反叛时，"率众十万发自江津，舳舻数百里"，可见当时水军之盛。到陈朝时，水军拥有拍舰（一种大量设置抛石机、可从远处轰击敌舰的专用战船），杀伤力很强。如吴明彻讨伐华皎时，"官军以大舰拍之，贼船皆碎，没于中流"。

尽管南朝水军的规模很大，但大范围的攻守作战仍有赖于步兵、骑兵。步兵也是南朝军队中的主要兵种。南朝各代宿卫守边，攻伐征战，都离不开步兵，有时水军弃舟登岸，即成步兵。步兵在南朝军队中占有极其重要的地位。刘裕所统的北府兵，纪律较好，作战强悍，屡立战功。南朝骑兵不够强大，远不如其水兵、步兵那样发达。南朝境内大部分地区不产马匹，马匹资源始终比较匮乏。素称兵马大镇的雍州，在梁武帝萧衍起兵时，仅有"马千余匹"。宋荆州刺史沈攸之有兵士十万，战马也只有两千匹，而这已是南朝强藩拥有骑兵的最高数字。即便朝廷的中军骑兵，从几次出兵的情况看，也不过万余人。

南朝军队的编制序列大致为军、幢、队、什、伍等单位。

南朝军队最高一级的建制单位是军，当时出兵作战防戍，大体皆以军为单位。刘宋明帝时，殷孝祖为前锋都督进讨雍州刺史袁顗，"前锋有五军在虎槛，五军后又络驿继至"。南齐时，为防北魏南进，"乃于梁山置一军，南置三军，慈姥置一军，洌州置二军，三山置二军，白沙洲置一军，蔡州置五军，长芦置三军，菰浦置二军，徐浦置一军"。军的首领称"军主"，副首领称"军副"，各军皆置军主、军副，负责指挥全军。一军所领兵数，史籍没有明确记载，但从一些散见史料可推知大概情况。南齐时，豫章王萧嶷曾命帐内军主戴元孙率两千人出外作战。齐末梁武帝萧衍起兵时，石头军主朱僧勇率水军两千人归降。《梁书·萧方等传》载，梁末侯景之乱时，荆州刺史萧绎"乃配步骑一万，使援京师"；《陈书·淳于量传》记载此事时说，萧绎"凡遣五军入援京邑"。可见，一军约为两千人。此外，当时还有一千五百人之军。如刘宋时，荆州刺史沈攸之曾派军主孙同、沈怀奥率军三千人援助京师。梁武帝时，军主王怀静筑城戍守肥水堰，后北魏攻陷其城，"千余人皆没"。齐武帝也曾遣军主张应期、邓惠真率"三千人袭豫章"。另有一些军只有兵力一千人，如宋明帝时，军主王敬则率一千人隶于刘怀珍麾下出征。又宋陈显达为军主时，率一千人镇守下邳。根据以上史料，南朝正常建制的军所拥有的兵力大约分别为两千人、一千五百人、一千人三种情况，其中两千人及一千五百人的军多为中军或大州都督所统，而且更为常见。

军以下的建制是幢。幢介于军与队之间，因此当时常有"军幢"或"幢队"并称。宋竟陵王刘诞反叛时，其"幢主孙安期率兵队出降"，说明幢的建制在队之上。从史籍记载看，幢主的地位不低，如宋蒯恩"以宁远将军领幢"。宁远将军虽为小号将军，但当时以小号将军出任军主的却不在少数。又宋卜伯宗以正员将军为幢主，而正员将军属宫廷宿卫将领，显然地位不低。与他同期为将的皇甫仲远以正员将军出任军副，可见幢主身份地位与军副相差不多。一幢的兵力大约为五百人。如宋时，"幢主杨仲怀领五百人居前"，后"仲怀所领五百人死尽"。《宋书·索虏传》称："城内有虏一幢，马步可五百。"这虽然是北魏军队的情况，但也可作为南朝军队编制的参证。

幢以下的建制单位是队，每队设队主、队副各一人，但由于队主所统兵力不多，大约有兵五十人，所以身份地位很低。西晋皇帝出行仪制中有"步骑兵卒三十队，每队五十人"。刘宋"兼用汉、魏之礼"，仪制与西晋基本相同。关于队的兵力还有一些特例。东晋末年，刘裕进攻刘毅，攻破江陵时，"大城内，（刘）毅凡有八队，带甲千余……金城（内城）内……尤有六队千余人"。这里的队有百余人至二百人许。刘裕北伐后秦时，遣白直队主丁昕"率七百余人……为却月阵"，队主竟统领了七百余人。上述队所有的兵力属于特殊情况，不是队的正常建制。

队以下是什、伍等传统的军队基层建制。按传统惯例，十人为"什"，设什长一人；五人为"伍"，设伍长一人。

南朝的武器装备与军需供给制度

南朝军队的武器装备制造，统由尚书库部郎负责，兵器平时入武库统一保管，战时按规定分发军队使用。水军装备则由都水使者或尚书水部郎负责。

南朝的军需供给，除来自编户农民交纳的赋税外，军屯州郡公田的收入也是其重要来源。

南朝的军屯主要分布在边境地区，由统兵将领组织经营。如刘裕曾派毛修之修复淮南芍坡，屯田数千顷；刘宋时镇守襄阳的张邵，"修置堤堰，开田数千顷"。梁武帝时，萧儋在荆州，裴邃在竟陵，夏侯夔在豫州，都曾开置屯田。但总的来说，南朝的屯田规模不大，分布的地区也比较有限。

此外，各州郡还有役使武吏课种公田的制度。武吏同军户一样，也是终身为吏，世代相袭，平时主要为官府提供劳役，耕种公田，战时要当兵出征。武吏耕种州郡公田，缴纳"课米"，也是南朝积蓄军资的一种途径。

北朝武装力量的构成

以下从北魏、东魏北齐的军队体制以及府兵制的创建三个角度述说北朝武装力量的构成。

1. 北魏军队体制

（1）北魏的中、外军。北魏建立之初，军队主要由鲜卑人的部落兵组成。道武帝拓跋珪灭后燕后，设置了八个军府，每府置兵五千人。迁都平城后，为了防御柔然等北方胡人的进犯，又在北部边境地区设立镇戍。地方军府和镇戍的设置以及军队规模的扩大和族群成分的变化，使北魏军队也形成了中、外军之分。中军指王朝中央直接控制的机动军队；外军指驻屯外地的戍守军队，外军又有镇戍兵和州郡兵之别。

（2）中军。中军是北魏军队的主力，其主要成员都是鲜卑部落兵。中军的核心是宿卫军，源于氏族部落时期的扈从队。北魏前期的都统长、幢将等内侍官所统领的军队便是北魏宿卫军的雏形。太和十九年（495年），孝文帝扩编中央宿卫军，"诏选天下武勇之士十五万人为羽林、虎贲，以充宿卫"。次年，又规定凡随同皇帝一起从平城迁来洛阳的全部士兵，皆为羽林、虎贲。于是羽林、虎贲由宿卫军的专称成为整个中军的通称。其中由拓跋氏宗族子弟中精选出来的卫士组成的部队，称"宗子兵""庶子兵"，是中军的精锐。中军的兵力约占全国总兵力的一半，其成员虽泛称羽林、虎贲，但根据武艺高低的不同，又分为羽林、虎贲、直从三等。中军既是宿卫军，担负皇宫和京师的宿卫任务，又是中央机动兵团，战时出征作战，还有一部分驻屯于京畿以外的战略要地，戍卫地方。

中军是北魏王朝的主要军事支柱，因此中军的指挥系统是中央军事统御机构的主要部分，其领导体制前后期有所不同。前期，中军的统帅有都统长、幢将、四厢大将、十二小将等各种名号。后期，其领导体制仿效汉制，设领军将军和护军将军各一人。领军将军总统中军，下设左、右卫将军各一人，左、右卫将军以下又设各领武卫将军二人，直接指挥羽林中郎将、虎贲将军等所统的皇帝宿卫部队及驻屯京师的中军（亦称"台军"）。护军将军下有东、西、南、北中郎将各一人，直接统带京师四周戍守要津的中军各部。护军将军的职权逊于领军将军，所统四中郎将曾归入领军将军指挥。

（3）镇戍兵。北魏建立后，为了防备北方胡人的侵扰，在北疆设立镇戍，由中央派兵镇守。后来，于南部边界及内地的一些重要地区又设置镇戍。镇戍兵的主要任务是戍边守土，有战事时也要受朝廷调遣出征作战。镇设镇将，戍设戍主，统率镇戍兵。镇将的地位相当于州刺史，戍主的地位相当于郡守，戍主也常由郡守兼任。各镇戍所领兵力，因其地位高低而大不相同，多者可至数万，少者不过千余。镇戍兵主要由鲜卑兵和鲜卑化的汉人士兵组成。镇戍兵相对中军而言是外军。孝文帝改制后，除边防各军镇外，与州并存的各军镇逐渐撤销，由带有将军称号的州刺史所统州兵代替。

（4）州郡兵。州郡兵即州、郡属兵，属于地方军队，也可称为外军。天赐元年（404年），拓跋珪下诏"诸州各置都尉以领兵"，这是北魏州郡兵的早期形制。此后，随着四处征伐，北魏在新占领区设官置守，以致在全国各州郡形成了为数不少的州郡兵。州郡兵的主要职责是维持当地的社会治安，平定境内的叛乱，保证封建统治秩序。但朝廷有大规模军事行动或其他需要时，州郡兵也要奉调作战或到外地屯戍。如太平真君七年（446年），与盖吴起义军作战时，就曾发定、冀、相三州州兵两万，去屯防长安南山各山谷，以防止起义军突围。

除上述各类军队外，北魏还有部曲兵。北魏末年，统治濒于崩溃，许多豪家大族纷纷组织部曲武装。部曲兵大都是汉人，隶属于地方豪家大族。

2. 东魏北齐的军队体制

东魏北齐的军队体制大体沿袭北魏，也分为中军、镇戍兵、州郡兵三部。

（1）中军。驻屯于东魏北齐都城邺城及其周围地区的中军，包括领军府、护军府、京畿大都督府以及卫尉寺四个系统的宿卫兵。领军府置领军将军或中领军一人，统领宫廷（除朱华阁以外）与京城的宿卫诸军。其下属有左右卫府和领左右卫府。左右卫府各置将军一人，分掌左右两厢，每厢置武卫将军二人。领左右卫府有领左右将军、领千牛备身各一人，下属左右备身、刀剑备身、备身三种卫士。

护军府置护军将军或中护军一人，掌京畿地区交通要津与舆驾扈从。其属官有东、西、南、北四中郎将，统辖京师四周战略要点的驻军和各关尉、津尉所辖部队。

卫尉寺置卫尉一人，掌禁卫甲兵。下属有城门寺、卫士署、武库署，负责掌管宫殿、京城各门及国库的钥匙。

京畿大都督府置京畿大都督一人，统率除上述各部中军以外的京畿地区所有驻军。京畿大都督和领军将军是皇帝身边最亲信的掌兵统帅，地位极其高。一般两职分置，但有时也由一人兼任。如北齐后期，琅琊王高俨既任京畿大都督又兼领军大将军，禁军大权集于一身。高俨被杀后，"罢京畿府入领军府"，于是领军府成为京城内外中央宿卫军的统帅。

（2）镇戍兵。东魏北齐沿袭北魏的军镇制度，在边防战略要地继续设置军镇，北边主要用于防御突厥，西边则是为了对付北周。北齐多次征发民夫修筑长城，东西绵延三千余里。沿长城一线，"率十里一戍，其要害置州镇，凡二十五所"。设州之地刺史兼都督诸军事；设镇之地则置镇将，屯驻重兵。镇戍兵亦多是鲜卑人。

（3）州郡兵。东魏北齐的州刺史，多以军将兼任，统领州兵。州郡兵不仅担负维持当地社会治安的任务，还在奉调征战和巡行驻守。北齐州郡兵以河阳道和幽州道最多。

3. 府兵制的创建

府兵制创建于西魏、北周，在中国古代军事制度史上占有重要的地位。它是在一定的社会条件下，鲜卑部落兵制、汉晋以来汉人的征兵制及世兵制三者的历史影响相结合而形成的一种独具特色的军事制度。

西魏北周的开创者宇文泰领导的武川军团，主要改编自关陇各族群的起义军。随着与东魏之间的不断争战，西魏军队的补充日渐困难。由于居住于关陇的鲜卑人很少，宇文泰"广募关陇豪右以增军旅"，并以当地的豪族大姓统领这些汉人兵。为了协调胡汉关系、密切主将与士兵的联系、提高士兵身份以加强军队战斗力，宇文泰将魏晋以来汉人政权一直通行的军民分籍制度与鲜卑人早期的部落兵制结合起来，逐渐创建了一种新的军事制度——府兵制。

西魏大统十六年（550年），宇文泰仿照拓跋部早期八部大人之制设立八柱国大将军，正式建立府兵制。恭帝元年（554年），宇文泰又仿照拓跋部早期"统国三十六，大姓九十九"的形制，以"诸将功高者为三十六国后，次功者为九十九姓后，所统军人亦改从其姓"。即凡府兵中统兵官，不论汉人还是其他族群，一律赐以鲜卑部落旧姓，其所统将士亦从主帅改姓。府兵制下，共设八柱国大将军，其中宇文泰自任其一，又兼任都督中外诸军事，实为府兵最高统帅，地位早已超然。另一柱国大将军魏宗室元欣仅挂一虚名，所以实际领兵官为六柱国，各领一军，是为六军。六柱国各设二员大将军，共十二位大将军；每位大将军又各设二开府，共二十四开府；每开府又各设二仪同，共四十八仪同；以下还有大都督、帅都督、都督等领兵官。府兵的兵力配备是每仪同领兵一千人，开府领兵两千人，大将军领兵四千人，柱国大将军领兵八千人，总兵力近五万人。

早期府兵包括鲜卑兵、关陇军户、"关陇豪右"所领乡兵，没有一般民户。府兵另附军籍，不编入民籍，不负担赋税。宇文泰、宇文护主政时，府兵虽然名义上是中央宿卫军，但实际的领导和指挥权在相府，皇帝根本无权调遣；但同时由于六柱国可以自统下属府兵，军需亦由其负责供给，所以相对于相府也保持着一定的独立性。周武帝宇文邕亲政后，为了进一步集中兵权，下令"改诸军士为侍官"，使府兵变成直属于皇帝的中央宿卫军，提高了府兵的政治地位，削弱了府兵与六柱国的从属关系。为了扩大和保持兵源，周武帝将府兵征召对象扩大至上等民户，后又扩大至一般民户。由于府兵可以免除赋税，人们纷纷应召。为了便于就地集结与管理府兵，北周又设立了土著军府。这样，府兵制就摆脱了鲜卑部落兵制的形式，从兵农分离的阶段向兵农合一的阶段过渡。周武帝的改革措施广泛开拓了兵源，府兵人数迅速增长，史称"是后夏（汉）人半为兵矣"。

府兵制不仅为加强北周的军事力量提供了雄厚的基础，而且也有利于府兵系统内各族群的融合，对当时和以后的军事历史产生了深远的影响。

第四章 鼓角争鸣——魏晋南北朝的军事

北朝的兵种与编制

北朝军队的兵种主要分骑兵、步兵两种,而其中又以骑兵为主。北魏前期,由拓跋部部落成员组成的军队全是擅长骑射的骑兵。由于北方胡人的生活特性,早在北魏建国之前,拓跋部已有"控弦之士数十万,马百万匹"。直到北魏孝文帝改革之前,北魏的军队还基本上都是骑兵。

孝文帝改制后,汉人开始正式负担兵役,又由于北魏势力的向南延伸,单一的骑兵已不适合攻城略地,北魏军队中步兵人数逐渐增长,因而北魏后期,步、骑协同作战的情况逐渐增多,而骑兵单独出击的实例逐渐减少。至后期,北魏军队的步兵比例已与骑兵相当,但骑兵仍是军队主力。

东魏北齐军队中,骑兵所占比例很大。其所拥有的二十万鲜卑兵几乎全是骑兵,因而其主管部门称骑兵省。东魏北齐的汉人兵则主要是步兵,其主管部门称作步兵省。东魏北齐的中军即宿卫军多为鲜卑骑兵,而外军即州郡兵和部分镇戍兵则由汉人步兵担任。有大规模军事行动时,步、骑兵协作出战。

西魏北周军队也以步、骑为主要兵种,骑兵所占比例同样很大,但也是步、骑混合出征。

由于与南朝的政治、军事对峙，除步兵、骑兵之外，北朝军队还有一定数量的水军。如北魏太武帝为防刘宋北进，就曾"诏冀、定、相三州造船三千艘，简幽州以南戍兵集于河上以备之"。孝明帝时，扬州刺史李崇因萧梁军北侵，"密装船舰二百余艘，教之水战，以待台军"。后李崇又曾派部将李神"乘斗舰百余艘，沿淮与李平、崔亮合攻硖石。李神水军克其东北外城"。说明北魏在与南朝交界的边境一带部署有一支颇具战斗力的水军。但从北朝整个军事形势看，由于北方胡人政权的特点以及北方的地理环境，其水军很不发达，在军队中所占比例不大，远不能和南朝的水军相比。

北朝军队的基本编制是军、幢、队、什、伍。军是军队编制的最高一级，设军主、军副各一人，统率全军。一军所统兵数没有明确记载。北魏建国之初，曾设置军府，每军配兵五千人，但这并非北魏常制。从一些史料看，北魏一军的正常编制大约为千人，当时有所谓"千人军将"的称呼。这里的军将大概是指军主或与军主同一级别的统兵官。当时的柔然军制是以"千人为军，军置将一人"，可以作为北魏军制的参证。东魏北齐在制度上多循北魏，军的编制应与北魏无大差别。西魏北周府兵制下的仪同将军所统一军亦为千人。大体说来，北朝时期一军的兵力为千人左右。

军以下的编制是幢，幢设幢主、幢副各一人，统领全幢。《隋书·百官志》记载的北齐官制，以军主、军副、幢主、幢副为序列。其中，军主为从七品，军副为从八品，幢主为从九品，每级相差一品。由于军、幢是序列关系，所以当时常"军幢"连称。一幢所统兵数没有明确记载。柔然军制是以"百人为幢"。而据《宋书·索虏传》记载，"（汝阳）城内有虏一幢，马步可五百"，北魏一幢兵力远不止百人。

幢以下有队的编制，队有队主、队副，统带全队。史籍也没有明确记载一队所统兵数。队以下是什、伍等传统基层建制。

第四章 鼓角争鸣——魏晋南北朝的军事

重装骑兵的兴起

魏晋南北朝时期是中国历史上少有的以分裂和战乱为主要特征的时代，在其三百二十四年的时间段内共发生较大规模的战争四百余次。这一时期骑兵的一个重要变化就是甲骑具装的兴起。

两晋南北朝时期，北方游牧族群大量进入中原，对中原政治、经济、文化以及军事都产生了强烈的冲击，连年的战乱也在客观上推进了军事科学技术的发展。鲜卑人对马镫的发明和改进堪称这一时期最重要的军事科技成果。在此之前，骑兵骑在马背上拉弓射箭时，战马必须减速。交战双方在马背上进行格斗时也不能竭尽全力大幅度摆动身体，否则会因失去平衡而落马。而马镫的使用使骑兵的双脚有了强劲的支撑点，骑兵与战马融为一体，战马变得更容易驾驭。骑兵们既可以在飞驰的战马上且骑且射，也可以在马背上左右大幅度摆动身体，完成左劈右砍的动作。随着马镫的广泛应用，骑兵的战略地位大大提高，也大大缩小了中原农耕汉人和北方胡人在骑乘技能上的差距，为建立大规模的骑兵部队创造了条件。

以马镫的发明为基础，这一时期出现了人马披挂甲胄的具装骑兵，使单个骑兵的攻击力和防护力达到了极致。具装骑兵或称重甲骑兵,是人、马都披甲的骑兵,又称甲骑或铁骑。甲是指人披的铠,具装是指马披的铠。具装由面帘、鸡颈、当胸、马身甲、搭后、寄生六个部分组成。马镫、马鞍的使用和改进大大提高了骑兵的攻击力。甲骑具装的装备则明显增强了骑兵的防护力,从而使铁骑一度成为那时战争中难以抗御的优势作战力量。

考古发现证明,甲骑具装诞生于西汉末年,但在西汉末年至东汉末年的两百年时间里,由于在中原地区没有和北方胡人的大规模作战,甲骑具装在中原始终没有成规模地出现,直到三国时期还没有成为军队的主力。曹操曾在《军策令》中说:"(袁)本初马铠三百具,吾不能有十具。"当时袁绍有步兵十万,骑兵一万,而马铠才三百具,只占骑兵总数的百分之三左右。曹魏末年,司马炎曾送卢钦以"御府人马铠",说明当时马铠还是较名贵的。不过,这时重装骑兵的发展已呈加速之势,至建安十六年(211年)曹操讨伐西凉马超时,"又列铁骑五千为十重陈(阵),精光耀日,贼益震惧"。马超、韩遂所部将士主要来自河西诸郡,河西是汉代以来传统的战马产地,河西将士历来以长于骑战著称。曹军骑兵列阵能"精光耀日",应是曹军骑兵大规模使用了金属马铠。这也是"铁骑"一词最早见诸正史。

到了两晋南北朝,其他族群大量入主中原,他们以骑兵见长,骑兵的大规模应用推动了战马和骑士防护装备的改进和发展,甲骑具装迅速发展起来。

西晋时期,门阀士族势力恶性膨胀,形成封建人身依附关系很强的部曲佃客荫户制。豪族地主大多拥有自己的部曲私兵,配有精良的军事装备,包括大量的甲骑装具。《晋书》记载,桓伊家拥有"马步铠六百领",一次就献给皇帝"马具装百具,步铠五百领",可见这些私兵部曲

第四章　鼓角争鸣——魏晋南北朝的军事

装备精良。匈奴贵族刘曜灭掉西晋后，北方开始了各族群政权纷争的混乱时期。匈奴、鲜卑等在进入中原前多是游牧经济，长于骑射，军队的主力是骑兵，军事制度往往保留着氏族的纽带。进入中原后，他们和门阀士族相结合，军队组织体制也相互影响渗透。门阀士族的精良装备与游牧族群的骑战传统相结合，使重装骑兵迅速形成规模。刘曜就曾"召公卿以下子弟有勇干者为亲御郎，被甲乘铠马"，建立起一支精锐的重装骑兵部队，"动止自随，以充折冲之任"。

从西晋灭亡到隋朝建立的约二百七十年间，以骑战为主的北方游牧族群长期统治中原，使中原地区步战、骑战相结合的作战方式发生了很大的变化。骑战成为主要的作战方式，马铠也日益成为军队中普遍的装备。这一时期，使用数千乃至上万铁骑集群作战的战例也经常出现。例如，南燕的创建者鲜卑人慕容德曾"讲武于城西，步兵三十七万，车一万七千乘，铁骑五万三千，周亘山泽，旌旗弥漫，钲鼓之声，振动天地"。淝水之战中，苻坚不顾麾下众将的劝阻，放任晋军渡过淝水，欲"以铁骑数十万向水，逼而杀之"。《南齐书》记载柳世隆讨沈攸之时的一次议兵，"铁骑五千，步道继进，先据陆路，断其走伏"。

从骑战能力来看，南北差距极大。占据北方胡人马匹充足，骑术纯熟，惯于骑战；南方各政权的军队建立在农耕经济的基础上，骑兵规模、军队的骑战能力都明显逊于北方军队。由于具装骑兵兼具速度、冲击力与防护力，平地作战时往往占据绝对优势，如何依靠以步兵为主的部队对抗北方强大的骑兵部队成了南方军队面临的巨大挑战。

车阵的再兴

三国两晋南北朝时期，重装骑兵体现出的巨大优势使其成为各政权追求的目标，在可能的情况下也成为优先发展的重点。但由于许多政权特别是南方的汉人政权缺乏优良的战马和优秀的骑士，或者是因为铠甲制造技术和能力以及财力的限制，兵种构成仍不得不以步兵为主。如何解决以步兵对抗强大的骑兵这一难题，贯穿着这一历史时期的军事科学发展进程，战车也就是在破解这一难题的过程中找到了自己的用武之地。

三国时期的军用车辆有运车、战车、指南车、记里鼓车等，其中以运车数量最多，主要从事粮食、营帐、铠甲等军用物资的运输。官渡之战时，袁绍曾用数千乘运车运送军粮，被徐晃、史涣全部烧毁后，又调集运车"万余乘，在故市、乌巢"承担运输任务。从前文可知，诸葛亮为了解决山地运输的难题曾经造木牛流马。史载，建兴九年（231年），亮"复出军围祁山，始以木牛运"；建兴十年，"作流马木牛毕"；建兴十二年，"由斜谷出，始以流马运"。三国时期，专用于作战的战车种类和数量均不多，主要是武刚车。这时的武刚车与西汉时的武刚车用法已不太一样。西汉李陵对匈奴作战时，武刚车用于步兵对敌骑兵的防御，而三国时的武刚车往往在进攻作战中作为前驱，抵挡敌人的矢石。此外，攻打坚固阵地和城池时还会使用发石车、临车、冲车、楼车等攻城车。

为了提高步兵的防护力和抗冲击力，三国时期继承和改进了西汉时汉军对抗匈奴骑兵中结车为阵的战法。三国时的车阵战法除了将武刚车列阵在进攻中作前驱外，也经常将武刚车、运车等后勤车辆用作防御作战时的障碍物。在遇到敌人骑兵突然袭击时，将车兵和战车蒙在阵地外围，掩护部队转入防御，增强防御的稳定性。

三国时阵法多种多样，诸葛亮的八阵图即是其中的代表。依据宋代《武经总要》记载，八阵图是诸葛亮在孙武、吴起的八阵图的基础上对阵法的进一步完善和创新。实际上，八阵是诸葛亮为对付魏军的骑兵优势，充分发挥步、弩、骑、车协同作战而设计的。八阵中车兵用车设置障碍，迟滞和割裂敌军的冲击和机动，同时为阵内步兵和骑兵提供掩蔽和保护。在山地战中，如果敌军骑兵左右夹击，步兵从行进间仓促转入防御，又不便于登山利用地形优势时，则用车蒙在阵外，防御骑兵冲击；地形狭窄，难于展开攻击时则把蒙在阵外的车排成锯齿形状，以防御敌军骑兵的冲击。

以运车等军用车辆列阵防御的战法在三国时期屡屡出现。官渡之战中，袁军"数寇钞绝粮道"，对曹军威胁很大。曹操部将任峻"使千乘为一部，十道方行，为复阵以营卫之"。以千乘为一部，每部以十路纵队结成方阵前行，并在方阵外列成复阵，从而形成间隔狭窄并有一定纵深的车阵，不仅使袁军骑兵无法高速突击，而且护卫辎重的曹军，让他们依托车阵的保护杀伤敌人。鄢陵侯曹彰北征时，在涿郡遭到胡人数千骑兵的伏击。当时，曹彰部兵马未及集结，部下仅有步卒千人、骑兵几百人，众人心生畏惧，出现混乱。曹彰相田豫依地形将军车结为环阵，弓弩手藏于阵内，步卒部署于车辆间并虚张声势。在车阵坚固的防御面前，胡人骑兵虽兵力占优，却不敢前进，被迫散去。

两晋南北朝时期，以车阵对抗骑兵的战术继续发展。西晋武帝咸宁五年（279年），马隆受命征讨侵夺河西地区的羌族，新募善射者三千五百人出征，"隆依八阵图作偏箱车，地广则鹿角车营，路狭则为木屋施于车上，且战且前，弓矢所及，应弦而倒。奇谋间发，出敌不意。或夹道累磁石，贼负铁铠，行不得前，隆卒悉被犀甲，无所留碍，贼咸以为神。转战千里，杀伤以千数"。西晋武帝太康末年（289年），陈勰以车布为函阵，护卫晋武帝的车驾。北魏登国六年（391年），铁弗卫辰遣直力鞮率大军进入北魏，北魏道武帝拓跋珪"以车为方营，并战并前，大破之于铁岐山（今内蒙古阴山之北）南"。

各种车阵针对骑兵，特别是铁骑作战的特点，灵活使用车兵，与骑兵、步兵协同作战，增强了己方的作战能力。义熙五年（409年），刘裕北伐南燕时，南燕主慕容超认为可以凭借"战车万乘，铁马万群""徐以精骑践之"。刘裕在进兵途中，以"众军步进，有车四千两，分车为两翼，方轨徐行，车悉张幔，御者执槊，又以轻骑为游军，军令严肃，行伍齐整"。当燕军铁骑万余来袭时，刘裕以此车阵对抗，双方激战过午，未分胜败。随后，刘裕派兵奇袭南燕后方重镇临朐（今山东省临朐县），大败燕军。此次作战虽未能直接击溃燕军，但已证明车阵足以抵御大规模骑兵的突击，为此后刘裕进一步改进车阵战法打下了基础。

义熙十二年（416年）八月，刘裕率五路大军攻打后秦。义熙十三年正月，刘裕留子彭城公刘义隆镇守彭城，亲率水军自彭城北上。是年三月，水军自淮、泗入清河，准备逆黄河西进，派人向北魏请求借路。北魏因此前滑台（今河南省滑县东）丢失，明元帝拓跋嗣恐刘裕此次以借道为名北上攻魏，因而拒绝，并派司徒长孙嵩督山东诸军事，命振威将军娥清、冀州刺史阿薄干等，率步骑十万屯驻黄河北岸，监视晋军。刘裕率大军入黄河西上，屡被魏军袭扰，故决定登岸痛击魏军。四月，刘裕命部将丁旿率七百人及战车百乘，渡至黄河北岸，依黄河列下弧形车阵，两头抱河，每辆战车设置七名持杖士卒。随后，宁朔将军朱超石率两千兵士携带百张大弩增援，每辆战车上增设二十名士卒，并在车辕上张设盾牌以保护战车。魏军发动攻击后，朱超石先以软弓小箭射向魏军，向其示弱。魏军中计，围攻晋军，并派长孙嵩率三万骑兵增援。朱超石令士卒以百张大弩齐射，后又命将士将预先准备的千余张槊截断为三四尺长，用大锤锤击射杀魏军，魏军"一时奔溃，死者相积"。

两晋时期，北方胡人政权的军队虽骁勇善战且拥有大量强大的具装骑兵，但对于以战车对抗骑兵的战法缺乏足够认识，因而车阵的运用往往能够达到出奇制胜的效果。南北朝时期，南北对峙局面的形成使双方骑兵力量差距更加明显，但车阵战法的日趋成熟和其对骑兵的强大克制能力深为北朝将领忌惮，引起北方政权的重视。刘宋和北魏对峙时，魏名将刁雍曾建议伏击檀道济所率刘宋援军："贼畏官军突骑，以锁连车为函阵。大岘（山名，在今山东省临朐县）已南，处处狭隘，车不得方轨。雍请将所募兵五千据险以邀之，破之必矣。"这次伏击最终并未实施，但从刁雍的进言中可知，北魏突骑对刘宋车阵实无力攻击，甚至不得不放弃骑兵平地作战优势，利用地形限制车阵的展开。另一方面，以步兵为主的南方军队在优秀将领的指挥下，凭借车阵强大的防御能力，也敢于与北朝的骑兵正面对抗。

纵观三国两晋南北朝时期以车列阵的实战效果，车阵虽能够有效克制骑兵的冲击，但车阵与步兵对垒并无优势。南朝宋泰始二年（466年）的宛塘之役和泰始四年（468年）的汝阳台之战都是典型的例子。车阵对地形要求较高，一般要在宽阔的平地布阵；车辆的部件大多为木制，特别害怕火攻；车阵也不利于布阵一方主动出击。总之，车阵在机动性、灵活性及适用广泛性等方面都远远不如骑兵，被动防守在多数时候难以掌握战场上的主动权，以骑制骑无疑是更好的选择，以车阵对抗骑兵很大程度上是限于当时历史条件的无奈之举。

第四章 鼓角争鸣——魏晋南北朝的军事

魏晋南北朝的军事服饰

魏晋时期的铠甲主要有黑光甲、明光甲、两当铠、环锁铠、马铠等五种。

黑光甲和明光甲可能是同一种甲,只是在表面防锈处理技术上有所不同。这两种甲和两当铠后来取代筒袖铠,成为南北朝时期使用的主要铠甲。环锁铠即明清时期的锁子铠,在当时是极为珍贵的铠甲。马铠是保护战马用的。马凯的使用在汉末已较普遍。

魏晋时期的戎服主要是袍和裤褶服。袍长及膝下,宽袖。褶短至两胯,紧身小袖,袍、褶一般都是交直领,右衽,但也有盘圆领。裤则为大口裤,东晋的裤与西晋的裤相比较,裤脚更大,很像今天的女裙裤。因此《晋书·五行志》上说:"武帝泰始初,衣服上俭下丰,着衣者皆厌腰。"

魏晋时期,由于马具的不断完善,出现了活舌带扣。它广泛用于生活的各个方面,并很快取代了已使用两千五百多年之久的带钩和死舌带扣。同时,受其他族群的影响,人们开始在革带表面钉缀饰件。这种饰件称"銙",可以用金、银、铜、玉等多种材料制成。銙下附有马蹄形环,用于佩挂武器和其他物品。

东汉后期，中原地区使用了数千年的璲式佩剑法，由于带扣的运用而改变为悬挂式，这种悬挂式又经过南北朝时期的改进，一直沿用到今天。

自汉代打破了五行定色法以后，后继的朝代便无法严格按照相生相克的理论来制定服色，据《通志略·礼略》记载，魏尚土德，服色尚黄，而晋尚金德，服色尚白。由于魏晋时期的资料较少，事实究竟如何，目前尚难断定，但从已掌握的部分材料来看，基本还是与文字记载相符的。

南北朝时期，北朝与南朝之间经常发生战争，开国帝王无一不是手握重兵的将帅。因此，他们往往采用强制的手段来促进和提高武器军备的生产。武器装备生产在这一时期发展到了一个全新的阶段。

这一时期铠甲不仅种类多样，而且质量和制造技术也提高了很多，其中最有代表性的铠甲是两当铠。此外，还有明光甲和黑光甲。

宋武帝刘裕像

两当铠，《释名·释衣服》曰："两当，其一当胸，其一当背也。"两当铠长至膝上，腰部以上是胸背甲，有的用小甲片编缀而成，有的用整块大甲片。大甲片多为皮甲，前后两片甲在肩部左右两侧，不相连接，背甲上缘钉有两根皮带，穿过胸甲上的带扣系束后披挂于肩。辽宁北票喇嘛洞出土的3世纪末到4世纪初鲜卑铠甲就是这样。胸甲上缘左右两角微凸，宽度超过胸宽，这是为了扩大胸部的保护面积，背甲上缘中间突凸形成一个三角形，用于保护项部。腰部以下是用皮革制成的筒形短裙以代替腿裙，一般没有披膊。

从南北朝时期的墓中出土的武士俑，有的穿一种胸前背后有两面圆护的铠甲，这就是明光甲。

明光甲是一种比较精良、贵重的铠甲，不仅有披膊、腿裙，还有由原来的盆领变化而来的护项，防护面积明显比其他各种甲都大。除了胸背甲是整块的甲片外，其余都用小甲片编缀而成。

明光甲其名可能与胸背甲上的圆护有关。

从魏晋时期起，铠甲大多使用钢铁制造，但铁甲易锈蚀。为解决这个问题，制铠匠在实践过程中发现，铁甲防锈，除了髹漆还可以水磨。水磨以后铁甲不仅不容易生锈，而且还能产生明亮的反光，特别是在阳光下，使敌方因目眩而影响视觉，从而给披甲者创造有利的攻击机会。于是他们别出心裁地在胸背甲上安上两个凸出的圆镜。

汉代的铜镜背面，常铸有"见口之光，天下大明"的铭文，取明与光之意，明光甲之名可能由此而来。穿这种铠甲的俑一般比同墓中其他俑都要高大。从这一点来分析，当时能配备明光甲的可能都是官品较高、兵种重要的武官将校。

南北朝后期，明光甲开始用束甲绊束甲以使铠甲较贴身，便于行动。束甲绊的材料可能是皮条、丝线或绢帛。束甲时将甲绊套于领间，在领口处打结后向下纵束至腹前再打结，分成两头围裹腰部后系束在背后。这种束甲方法一直沿用到唐末。

黑光甲与明光甲同见于东汉末曹植的《先帝赐臣铠表》，两种甲可能是相同类型，区别在于前者胸背甲上没有圆护，甲面用黑漆漆髹，犹如汉代时的玄甲。

除了以上几种具有代表性的铠甲外，筒袖铠也仍在被沿用。从一件制作比较粗劣的北魏俑上可依稀分辨出仍保持着的原来的形制。

扩展阅读　周武帝对府兵的改革

为了提高府兵的战斗力,周武帝掌权后,十分重视对府兵的整顿和控制。建德元年(572年)十一月及建德二年十一月,周武帝亲率六军在长安"讲武"。建德三年十二月,为大规模地扩充府兵,周武帝在经济上给以府兵赋役上的优待,"大会卫官及军人以上,赐钱帛各有差,诏荆、襄、安、延、夏五州总管内,有能率其从军者,授官各有差。其贫下户,给复三年","改诸军军士并为侍官",以提高府兵的政治地位。为了加强对基层府兵将领的控制,周武帝于建德元年两次将诸军包括下层都督在内的各级将领召到京师"颁赐有差"。建德二年正月,又复置先前省去的帅都督。此外,周武帝也十分重视对府兵将领军事技能的演练。建德二年(573年)六月,大选诸军将帅。是年十一月,集诸军都督以上五十人于道会苑大射,周武帝亲临射堂,大备军容。建德三年(574年)六月丁未,周武帝集诸军将教以战阵之法。在经过三年的整军后,建德四年(575年)七月,北周能调动到战场上的府兵已多达十七万人。

北周建立后,宇文护出于巩固权力的需要,开始向朝臣大量授予柱国等高级戎秩。随着府兵人数的迅速扩充，原有的戎秩已经满足不了府兵将领提高自身地位的需要。因此，建德四年（575年）冬，周武帝"初置上柱国、上大将军官，改开府仪同三司为开府仪同大将军，仪同三司为仪同大将军，又置上开府、上仪同官"。周武帝大练府兵，使大批关陇土豪被纳入府兵系统，又大大强化了朝廷对府兵各级将领的控制，从而使北周军队的军事实力大增，为日后灭北齐奠定了基础。

第五章

山水庭院——魏晋南北朝的园林艺术

魏晋南北朝时期是中国古代园林史上的一个重要转折期。文人雅士厌烦无休止的战争,他们崇尚玄谈玩世,寄情山水,多以风雅自居。豪富们纷纷建造私家园林,把自然式风景山水浓缩于自己的私家园林中。自然山水园的出现,为后来唐、宋、明、清时期的园林艺术打下了深厚的基础。

山水园林大量涌现

魏晋南北朝是中国园林发展的转折阶段，也是山水园林的奠基时期。晋室南迁，中原人士大量逃亡江南，他们于离乱颠沛之际，在风清日丽的大自然中享受其恬淡，以文学艺术讴歌这种美，以园林艺术再现这种美。

建康、会稽、吴郡等士族聚居之地，私家宅园和郊区别墅相继兴起，都城建康兴建苑园之风最甚。帝苑以华林、乐游两园最为著名，大臣私园多靠近秦淮、青溪二水。东晋时，纪瞻在乌衣巷的宅园、谢安的园林都以楼馆林竹而著称，而吴郡顾辟疆的园林则因王献之的遨游而闻名于世。南朝园墅也很兴盛。名士戴颙在吴下聚石引水，植林开涧筑园；谢灵运在始宁继承父祖之园并进一步开发，依山傍水，尽幽居之美，和一批隐士放纵游娱。与此同时，小型化园林开始盛行。梁徐勉在东田自建小园，并认为"古往今来……不在广大，唯功德处，小以为好"。北周庾信也建小园，并以《小园赋》闻名后世。可见当时建小园、小池、小山已成一时之风尚。

北朝的造园活动不亚于南朝。《洛阳伽蓝记》中就记载了北魏都城洛阳许多贵族官僚的园林风貌，突出的有司农张伦园、清河王元怿园、侍中张钊园、河间王元琛园等。政局的变乱曾使洛阳一些王公贵族的住宅成为佛寺，宅园也成为寺中园林，因此在风格上并无区别。

帝王苑囿受当时思潮影响，欣赏趣味也向自然美转移。东晋简文帝、齐衡阳王萧钧都喜爱自然风格的园林，梁昭明太子萧统更是性爱山水，在泛舟元圃后曾咏左思诗"何必丝与竹，山水有清音"以拒绝女乐。

这时期的另一个新发展就是出现了具有公共游览性质的城郊风景点。南朝刘宋的南兖州刺史徐湛之，在广陵城北结合原有水面建造风亭、月观、吹台、琴室，栽种花木，使这里成为文人雅士游玩聚会的场所。这种风景点的游人虽然只限于士大夫阶层，但毕竟不同于一般私人园林和皇家苑囿，具有众人共享的特点，不能不说是一种进步，可谓今天公园的前身。一些城市利用城垣和风景优美的高地建造楼阁，作为眺望游憩之用，既可畅览远山平川之美，又能丰富城市风景，是继承台榭发展而来的风景观赏建筑物。

魏晋时期，佛徒僧侣为逃避尘世而寻找清静的安身之地。这一举动也促进了山区景点的开发。

高僧慧远在庐山北麓下创建名刹东林寺，面向香炉峰，前临虎溪水。这对庐山的开发起了促进作用。苏州郊外的虎丘，自东晋王珣、王珉兄弟舍宅为寺后，也逐渐成为著名的景点。

作为山水园林主题内容的人工堆山达到了前所未有的兴盛。除帝王苑囿仍采用摹写神仙海岛的方法，其他园林更多采用概括、再现山林意境的写意堆山法。堆山的目的是陶冶性情，追求"有若自然"的意趣。

南齐宗室萧映为宅内土山取名"栖静"，便是这种追求意趣的例子。这一时期园林造山的目的已从汉代的期待神仙驾临和宴游玩乐转变为对自然景色的欣赏。随着园林小型化，欣赏景物深化入微，松、竹、梅、石成

第五章　山水庭院——魏晋南北朝的园林艺术

为士大夫喜爱的对象。

晋代嵇康、阮籍、山涛、向秀、刘伶、阮咸、王戎七人好为竹林之游，世称"竹林七贤"；南朝陶弘景特爱松风，大量种植，欣赏风过松林之声。南朝好梅者渐多，如鲍照有《梅花落》诗。这一时期，对奇石的欣赏寻求也成为时尚。

中国园林山水是凝聚了中国文化特质的一种独到艺术，在南北朝时期已形成稳定的创作思想和方法。小型、精致、高雅和人工山水写意化，是本时期园林发展的主要趋势，并且作为一种基本风格影响着后世园林艺术的发展。

优美的士人山水园

鲁迅将曹魏时期即文学史上的建安时期称为"文学的自觉时代",出现了"为艺术而艺术的一派",文学主题逐渐摆脱了伦理、政治等功利性内容,而确立在"人生意义"这样一个具有高度自我意识的层面上。人们的宇宙观、宗教观都发生了变化,他们开始更加关注人生。"中华古人对人自身的思考比以往深化了,其审美文化的最大思想特征便是实现了由快乐文化转型为忧患文化"。东汉就有了"生年不满百,常怀千岁忧"的咏叹,曹操也发出了"对酒当歌,人生几何"的忧叹。魏末西晋之初,以嵇康、阮籍为代表的"竹林七贤",或为顺应环境、保全性命,或寻求山水、安息精神。"其中由于总藏存这种人生的忧恐、惊惧,情感实际是处在一种异常矛盾复杂的状态中。外表尽管装饰得如何轻视世事,洒脱不凡,内心却更强烈地执着于人生,非常痛苦。这构成了魏晋风度内在的深刻的一面"。

晋人,尤其是南迁的东晋士人,被美丽如画的江南山水唤起了对自然美的意识。"晋人向外发现了自然,向内发现了自己的深情。山水虚灵

第五章　山水庭院——魏晋南北朝的园林艺术

化了，也情致化了"，他们悠游在江南的灵山秀水中。这山水培养了他们高格调的山水审美情趣，他们在"清流激湍，映带左右"的环境中，"仰观宇宙之大，俯察品类之盛，所以游目骋怀，足以极视听之娱，信可乐也"。王羲之弃官后，"与东土人士营山水弋钓之乐。游名山，泛沧海，叹曰'我卒当以乐死'"。谢朓诗曰："辟牖栖清旷，开帘候风景。"嵇康提出了"越名教而任自然"的离经叛道说，将自然真率、洒脱逍遥的生活方式作为理想的人生境界去追求。

深沉的自然山水意识渗透到生活领域。陶渊明的《桃花源记》构想了一个与尘世隔绝的桃花源，不仅因为"少无适俗韵，性本爱丘山"，而且在于他的理性选择。那里的山川风物表现出的是诗人理想的主观的美。南朝士人更崇尚清虚超脱的人生理想，有自己的哲学意识和人生追求，他们皈返自然，"素志与白云同悠，高情与青松共爽"。青松白云成为他们用以寓志的清物。

东晋、南朝士人沉溺于庭园的营造，以"五亩之宅，带长阜，倚茂林"的精神生活为乐。当时有名的士人的私家山水园林，有苏州顾辟疆园和戴颙宅园。

顾辟疆园当时号称"吴中第一私园"。据《抱朴子》记载，东吴时，苏州顾陆朱张四大姓的庄园，都是"僮仆成军，闭门为市，牛羊掩原隰，田池布千里"，"金玉满堂，伎妾溢房，商贩千艘，腐谷万庾"。顾氏为四大家族之一，辟疆官郡功曹、平北参军，性高洁。其所造私园最早见于《世说新语》，称时为中书令的王献之，自会稽经吴，闻顾辟疆有名园，先不识主人，径往其家，值顾方集宾友酣燕，而王游历既毕，指麾好恶，旁若无人。顾勃然不堪曰，"傲主人，非礼也。以贵骄人，非道也。失此二者，不足齿之，伧耳"便驱其左右出门。王独在舆上，回转顾望、左右移时，顾氏不至，然后令送箸门外，怡然不屑。顾氏对富且贵的东晋豪族王氏如此蔑视，既有南方士族对北方士人的敌视，又表现了士人不攀附权门,甚至傲视权贵的共同心理特征。

与顾氏园齐名的是戴颙宅园。戴颙的父亲是山水画初创时期的戴逵,安徽宿州人,出身士族,然终身不仕,而且傲视权势,《晋书》将其列为"隐逸"。当时,他的儿子戴勃和戴颙也有高名,他们不但继承了乃父的道德和艺术,山水画虚灵、疏淡,更是著名的雕塑家。戴颙"巧思通神",早年随父亲客居浙江剡县,后卜居苏州齐门内。《吴郡图经续记》载:"士人共为筑室,聚石引水,植林开涧,少时繁密,有若自然。三吴将守及郡内衣冠,要其同游野泽,堪行便去,不为矫介,众论以此多之。"

《南史·徐湛之传》也记载了徐在广陵所造园林,有"风亭、月观、吹台、琴室","果竹繁茂,花药成行",人能"尽游玩之乐",享受的主要是大自然之美。

北方也出现了"有若自然"的私家园林。据杨衒之《洛阳伽蓝记》中记载,北魏张伦所造"景阳山",重岩复岭,深溪洞壑,逦迤连接,俨然真山。高树巨林,足使日月蔽亏;悬葛垂萝,能令风烟出入。崎岖石路,似壅而通;峥嵘涧道,盘纡复直。匠心巧思,将自然作了艺术的"人化",已经具有了某种写意意识。

上述私家园林大多"面城""近市",却闭门无哗,"寂寞人外",为"且适闲居之乐"的居所。园林中的山水和植物等自然形态构成园林主要的景观体系。

幽远清悠的山水诗文和潇洒玄远的山水画与士人山水园相互融合,中国传统园林成为诗画艺术载体也肇端于此时。园林讲究意境的创造,从写实向写意过渡。

从上可以看出,理想的士人山水园是他们用来表达自己体玄识远、萧然高寄的襟怀的,"情"与"景"之间有着内在的紧密联系。他们的园林中绝对没有阿房宫里的脂粉气和金谷园中的富贵气,充溢着的是名士们的书卷气和萧淡之情。

第五章 山水庭院——魏晋南北朝的园林艺术

皇家园林的雅化

早在西汉时期,东方朔就提出"避世于朝廷间"的主张,西晋的夏侯湛赞其为"肥遁居贞"。魏晋南北朝时期是历史上庙堂山林错位最严重的时期。豪门贵族广置田产、穷奢极欲的同时谈玄论道、崇尚隐逸,附庸风雅。这一时期出现了大批豪富、王侯的私园,他们将自然式风景山水缩写于自己的私园中,出现了所谓"江左嘉遁"和"肥遁"。

随晋室南迁的北方世族为了"免横流之祸"或"以避君侧之乱",往往功成身退,他们占有南方大片名山胜水,及时隐迹其中。《宋书·隐逸王弘之传》:"会稽既丰山水,是以江左嘉遁,并多居之。"他们将隐退于富饶的庄园中过闲适自在的享乐生活,称"肥遁"。

被人们熟知的"濠濮闲想"是有关东晋简文帝司马昱的故事。《世说新语·言语》中,简文入华林园,顾谓左右曰:"会心处,不必在远,翳然林水,便自有濠濮闲想也,觉鸟兽禽鱼自来亲人。""濠濮闲想"就是《庄子·秋水》篇中所载的庄子、惠子濠梁观鱼和庄子濮水钓鱼的故事。前者反映了庄子观赏事物的艺术心态,他摆脱了世俗尘累,临流观鱼,知道鱼从容出游，十分快乐；后者则写庄子对高官厚禄"持竿不顾"，反映了他追求远避尘嚣、悠然自怡的人生理想。人全身心地投入自然山水的怀抱，而自然山水也自来亲人；人赋予山水以人情，人即可与自然妙合无间，完全融为一体，进入极高的审美境界。

东晋南朝的封建帝王们受玄风的浸淫，更是雅尚隐逸，尤其服膺于士人自然山水园的高逸格调。帝王们也欣赏士人风范，刻意仿效，甚至专请著名的士大夫文人来设计、监造皇家园林。南朝宋元嘉二十三年（446年），为皇家督造华林园（南京）、玄武湖的就是能文善书且通晓音律的著名士人张永。

齐文惠太子萧长懋开拓玄圃园，与台城北堑齐，园内有明月观、宛转廊、徘徊桥等，更有楼馆塔亭，又聚叠奇石，后池可泛舟。园中还建有"茅斋"，并由周颙书其壁。

身为君王的梁简文帝萧纲，史称"清虚寡欲，尤善玄言"，自谓"隐沦游少海，神仙入太华。我有逍遥趣，中园复可嘉"，散怀山水、超旷遗世。

梁元帝萧绎在未即帝位之前为湘东王，所筑"湘东苑"，穿池构山，长数百丈，山有石洞，入内可蜿蜒潜行二百多步。池沿岸种植莲荷，岸边杂以奇木。建筑物有跨水而过的通波阁、高踞山巅的阳云楼，备有移动式行棚的乡射堂，还有芙蓉堂、禊饮堂、正武堂、连理堂、修竹堂、明月楼、隐士亭、映月亭和临风亭等。

梁简文帝之子萧大圜以"弃绝人间""超逾世网"为己志，以"面修原而带流水，倚郊甸而枕平皋，筑蜗舍于丛林，构环堵于幽薄"为理想居所，这与士人园十分相像。

尚武的北朝帝王也具有很高的艺术鉴赏力。据《洛阳伽蓝记》载，北魏孝文帝，拟华林园（洛阳）中的"天渊池"为大海，在池中献文帝所

第五章　山水庭院——魏晋南北朝的园林艺术

筑九华台上，造了"清凉殿"。宣武帝又在海内造蓬莱山，山上有"仙人馆，上有钓台殿……海西南有景山殿，山东有羲和岭，岭上有温风室。山西有姮娥峰，峰上有露寒馆。并飞阁相通，凌山跨谷。山北有玄武池。山南有清暑殿，殿东有临涧亭，殿西有临危台。景阳山南有百果园。果列作林，林各有堂……永安中，庄帝（孝庄皇帝，元子攸）马射于华林园"。宣武帝还颇欣赏佳石、美竹和山林野致。

后赵的石虎在邺城（今河北省临漳县）筑连亘数十里的华林苑，苑中三观四门，三门通漳水。北齐武成帝时，增饰之"若神仙居所"，改称"仙都苑"，又于苑内别起玄洲苑，备山水台观之丽。《历代宅京记·邺下》载：

> 玄洲苑、仙都苑，苑中封土为五岳，五岳之间，分流四渎为四海，汇为大池，又曰大海。海池之中为水殿……

以上所述皇家园林虽没有脱尽汉代宫苑"体天象地"的痕迹，但"一池三岛"式的人间版神仙境域的构造得到了进一步完善，且展现了园囿中对山水的处理手法，布局以山水为骨干，构山重岩复岭，深溪洞壑，山路崎岖，涧道盘曲，合乎真山的自然体势，并有林木掩映，楼观高下随势，力求达到妙极自然的意境。

魏修芳林园

魏明帝曹叡后期好治宫室，大兴土木，修建芳林园（后因避讳改名华林园，位于洛阳市）就是其中的大型工程之一。魏景初元年（237年），明帝继营建洛阳宫、九龙殿后，又下令在芳林园西北起土山，名为景阳山。他还亲自掘土，并令百官公卿以下至太学生都来背土。土山堆成后，便在山上广种松竹、杂木善草，并捕来山禽杂兽放养其中。这一规模巨大的土木工程历时数年，每年役使民工不下四万余人，而且工程期限严急，明帝又常常亲自过问，主事者稍有差错便被处死。继修芳林园后，明帝又命人徙铜盘，铸铜人，造龙凤，大费人力物力，弄得群臣反对，民怨沸腾。

西晋石崇金谷园与东林寺

西晋石崇的金谷园为当时北方著名的庄园别墅。晋武帝（265—290年在位）时，石崇为荆州刺史。他长期滥用权力，敲诈勒索商贾，盘剥百姓，聚敛了万贯资财，生活十分奢华。晚年辞官后，他卜居洛阳城西北郊金谷涧畔之河阳别墅，即金谷园。石崇经营金谷园的目的是下野之后安享山林之乐趣，兼作服食咏吟的场所。石崇生平善于结交文人，如潘岳等二十四人常聚集金谷园，号"金谷二十四友"。这些人吟诗作画，赏花弄月。后石崇死于"八王之乱"，死前，有爱姬绿珠坠楼殉节，金谷园被没入官。

金谷园是一座临河的、地形略有起伏的天然水景园。有前庭和后园之分，建筑物形式多样，亭台楼阁十分华丽，建筑内外金碧辉煌，雕梁画栋。园内有清泉茂林、众果、竹柏、药草之属，有许多"观"和"楼阁"，有从事生产的水碓、鱼池、土窟等。从这些建筑物的用途可以推断，金谷园是一座巧妙利用地形和水系的园林化庄园。人工开凿的池沼和由园外引来的金谷涧水穿梭萦流于建筑物之间，河道能行驶游船，沿岸可供垂钓。湖水清澈甘甜，菱荷竞美，鱼跃蛙鸣。那里树木繁茂，植物配置以柏树为主调，其他的种属则分别与不同的地貌或环境相结合而突出其成景，如前庭的沙棠、后园的石榴、柏木林中点缀的梨花等。可以设想金谷园的那一派赏心悦目、恬适宜人的风貌，在清纯的自然环境、田园环境和朴素的园林环境中又不乏一派绮丽华靡的格调。

东林寺位于江西省九江市庐山西北麓，是佛教净土宗的发祥地，东晋时南方佛教的中心道场。

东林寺始建于东晋太元十一年（386年）。名僧慧远是东林寺的建寺者。他先在西林寺以东结"龙泉精舍"，后得江州刺史桓伊之助，筹建东林寺。慧远主持东林寺三十余年，集聚沙门上千人，罗致中外学问僧一百二十余人结白莲社，译佛经、著教义、同修净土之业，成为佛门净土宗的始祖。

庐山的东林寺营建在自然风景优美的地带，该寺傍带瀑布之壑，仍石垒基，即松栽构，周回玉阶清泉，森树烟凝，宛若仙境。处幽谷之中，其周围的群山绿树犹如碧绿的屏风，寺前有虎溪水流过，更突出了这片清凉世界与尘世属于不同的境界。

东林寺红墙环绕，在碧绿的景色中昭示着佛家的威严。东林寺的建筑纵轴线上为山门、弥勒殿、神运殿。神运殿两侧有三笑堂、十八高贤影堂。三笑堂后有藏经阁、聪明泉。神运殿是寺内最宏伟的建筑。

东林寺不仅是宗教基地，而且是自然风景区开发的开拓者，以宗教信徒为主的香客、以文人名士为主的游客纷至沓来，甚至成为皇帝、贵族们游山赏景的世外桃源。于是，远离城市的名山大川不再是神秘莫测的地方，它们已逐渐向人们敞开其无限幽美的风姿，形成早期旅游的风景名胜区。

兰 亭

绍兴兰亭位于浙江省绍兴城外兰渚山下，有亭翼然，建于渚上，原是越王勾践种植兰花的地方。至东晋永和九年（353年）三月三日，因大书法家王羲之在此会聚当时的社会名流作曲水流觞的修禊活动，自撰书《兰亭集序》而扬名古今，成为我国的书法圣地。一千六百多年来，兰亭地址几经变迁，现在的兰亭是明朝嘉靖二十七年（1548年）从宋兰亭遗址——天章寺迁移到此，其间几经兴废。清康熙三十二年（1693年），康熙御笔《兰亭集序》勒石，上覆以亭。到了清嘉庆三年（1798年）重修兰亭、曲水流觞处和右军祠等，并查明旧兰亭址在东北隅土名石壁下，已垦为农田，于是将垦为农田的旧址重新纳入兰亭。

兰亭曾经多次挪移位置，为的是找到一个更理想的自然环境，这是一个以亭为中心的自然美景。

现在，整个兰亭景区位于平地上，周围为水田。基地南北进深约两百米，东西宽约八十米，入口在北端。进门经一段曲折的竹径到达鹅池，池旁三角亭内碑上大书"鹅池"二字。池南为土山，山上林木茂密，将兰亭主景部分隐蔽于土山之后，起到"障景"的作用。由鹅池碑亭旁屈曲前进，到达"兰亭"碑亭。此亭为盝顶方亭，式样较为别致。经此亭折而右，就是兰亭主题景区——曲水及流觞亭。曲水流觞盛行于六朝至唐宋，是文人雅集的一种形式。唐宋以后都在石上刻曲折的水槽，上覆亭子，称为流杯（觞）亭，众人各据曲水一方，羽觞随水而流，停于何人位前何人就应赋诗饮酒，文人以此相娱，格调极高。明清时仍有这种风气，北京中南海、故宫乾隆花园都有这种流杯亭遗例。滁州琅琊山醉翁亭西侧也有一例。但兰亭所建流觞亭为一纪念亭，其式样作四面厅式，亭内不作曲水流觞之举，故与一般流杯亭不同。流觞亭北有一座八角重檐攒尖亭，亭内有康熙御书《兰亭集序》碑，碑高约七米，亭高约十二米。碑亭东侧为王羲之祠，俗称"右军祠"。因王羲之在东晋曾官至右军将军，故也自称王右军。祠在水池之中，祠内又是水池，内外有水夹持，为此祠一大特色。

兰亭集雅致的园林景观、独享的书坛盛名、丰厚的历史文化积淀于一体，"景幽、事雅、文妙、书绝"为其四大特色。

兰亭是文人名流经常聚会的一处城池近郊的风景游览地，具有公共园林的性质。亭在汉代本来是驿站建筑，也相当于基层行政机构的一种，到两晋时演变为一种风景建筑。文人名流常在城市近郊的风景地带游览聚会、诗酒唱和，亭的建置为他们提供了遮风避雨、稍事坐憩的地方，也成为点缀风景的手段，逐渐又转化为公共园林的代称，会稽（今浙江省绍兴市）近郊的"兰亭"便是一例。

兰亭建于群山合抱、曲水围绕之地，周围山明水秀，景色优美疏朗，造园以山为骨架、水为血脉，直接引天然景物入园，景区布局疏密相间，建筑错落有致，小巧而不失恢宏之势，典雅而更具豪放之气。

王羲之的《兰亭集序》以清新朴素的语言，记叙了那次江南名流的雅集盛会。"永和九年，岁在癸丑。暮春之初，会于会稽山阴之兰亭，修

第五章　山水庭院——魏晋南北朝的园林艺术

禊事也。群贤毕至,少长咸集。此地有崇山峻岭、茂林修竹,又有清流激湍,映带左右。引以为流觞曲水,列坐其次。虽无丝竹管弦之盛,一觞一咏,亦足以畅叙幽情……"借园林之境而生发人景感应的情愫,道出与会者的寄情山水、神与物会的心态,表现了南朝文人名流恬适淡远的生活情趣,也能够在一定程度上折射出他们的"园林观"。这次文人名流的雅集盛会和诗文唱和所流露出来的审美趣味,对当时和后世的园林艺术有深远的影响。

扩展阅读　张伦宅园

张伦，北魏上谷沮阳人，性爱豪奢，孝明帝（516—528年在位）时官司农少卿。其宅园中，造有一座大的假山，名"景阳山"。《洛阳伽蓝记》中记述张伦的宅园和景阳山："敬义里南有昭德里。里内有……司农张伦等五宅……惟伦最为豪侈。斋宇光丽，服玩精奇，车马出入，逾于邦君。园林山池之美，诸王莫及。伦造景阳山，有若自然。天水人姜质曾游览此园，作《庭山赋》以咏之："其中烟花露草，或倾或倒，霜干风枝，半耸半垂，玉叶金茎，散满阶坪。然目之绮，裂鼻之馨，既共阳春等茂，复与白雪齐清……羽徒纷泊，色杂苍黄；绿头紫颊，好翠连芳。白鹤生于异县，丹足出自他乡，皆远来以臻此，藉水木以翱翔。"

可见，张伦的宅园是以大假山景阳山为主景。在此处运用的掇山技术达到了相当高的水平，已经能够把自然山岳的主要特征集中表现出来。畜养多种珍贵禽鸟，保持着汉代遗风。在洛阳这样人口密集的大城市的坊内建造私园，用地毕竟是有限的。除个别情况外，一般不可能太大。唯其小而又全面地体现大自然的山水景观，就必须求助于"小中见大"的规划设计。也就是说，人工山水园的筑山理水不能再运用汉代私园那样大幅度排比铺陈的单纯写实模拟方法，必须从写实过渡到写意与写实相结合。

第六章

骈文诗赋——魏晋南北朝的文学

魏晋南北朝是一个动荡的时期,政权更易频繁,多种政权并存,汉人与其他族群既对峙又互相融合。纵观魏晋南北朝三百余年的历史,与两汉的大一统局面迥然不同。剧烈的社会动荡,长期的南北对峙,士族制度的确立,各族群入主中原以及由此而产生的极为复杂的族群矛盾、阶级矛盾和统治集团之间及其内部的矛盾,都对这一时期的文学发展产生了直接或间接的影响。

魏晋南北朝骈文鼎盛

魏晋南北朝是中国古文又一次发生重大变化的时期。从广义上说,"古文"指除诗歌以外的所有文字体裁,包括了散体文章、骈文和辞赋等。

建安时期是中国散文发展的一个重要历史阶段,也是一个开风气之先的时期。曹操作文不尚华词,多实事求是,无所顾忌。其文章在内容和形式上都能突破前代陈规,形成清峻、脱俗的文风,成为"改造文章的祖师",对当时及后世散文产生了重要影响。曹丕、曹植的文众体兼备,风格自具。曹丕之文,通脱自然之风近于曹操,而其文章之华丽则沿袭了东汉文风。曹植的文章意气极盛,文采焕发,文质兼胜。孔融的文章以议论为主,辞采典雅富丽,放言无忌。建安后期,文章讲究用事,重视辞藻,表现了由质而文的发展趋势。

西晋时期,骈文兴起。西晋初年张华之笔札,信手挥洒,文风自然洒脱。东晋的王羲之、陶渊明成就较高。王羲之之文清新疏朗,风神摇曳,风格真挚而自然。陶渊明之文不尚偶俪,不近繁缛,语言清腴,风格淳真而淡泊。

南北朝时期是骈文的鼎盛时期。南朝宋的鲍照是一位骈体文名家，他写了不少骈体应用文，也写了一些骈体写景之作，其文章以整饬的骈句为主，而时杂散句，兼有散文之长。齐梁时期，时主儒雅，笃好文章，骈文的发展趋于鼎盛。南朝齐孔稚珪、竟陵王萧子良均为骈文名家。齐初文坛的核心人物王俭，其文辞采富丽，且以数典为工，开齐梁骈文以博富为长之风，表现了南朝骈文的特色。"永明体"的创立者王融、沈约及任昉等人均为骈文高手，他们将声律理论移植于骈文创作，使文章音律谐美，大大提高了文章的骈化程度。

南朝梁，骈文又有发展。昭明太子萧统的《文选》，对骈文的发展无疑起了推波助澜的作用。而梁简文帝萧纲、梁元帝萧绎均为骈文的著名作家，特别是他们重辞采、重音律、重抒情的写作风格，对提高文章的骈化水平起到了重要作用。庾肩吾的文章传世不多，但颇能代表当时骈文"弥尚丽靡"的特点，其文对偶工整，通篇隶事，雕琢字句，标志着骈体文已发展到完全成熟的地步。此外，像陶弘景、吴均、丘迟、江淹、何逊等都有骈文名作传世。齐梁时期，骈体文统治了整个文坛，包括许多实用文体，无不骈化。但同时，有的骈体文内容空虚，形式绮艳，格调卑弱，贵族化和程式化的倾向十分严重。南朝陈沿袭齐梁遗风，依旧是骈文主宰文坛。徐陵是南朝最后一位骈文大家，其《玉台新咏序》极尽工巧之能事。

北朝骈文远逊于南朝。北魏中期的袁翻、常景向南人学习骈文，尚处于学步阶段。北魏后期的温子升、邢邵、魏收等人的骈文标志着北朝文向南朝文的靠拢，但仍多模仿南人，缺乏特色。直至西魏末年，庾信、王褒等人由南朝入北，骈文始盛。庾信是南北朝时期最有成就的骈文大家，他能纯熟地驾驭骈文的语言格式，使骈文发展到了无施不可的地步。

就在齐梁骈文鼎盛之时，有人开始批评骈文。在南朝，反南朝文风者，前有范缜，后有裴子野，他们反对骈俪，不尚淫靡之词，代表了文章

第六章　骈文诗赋——魏晋南北朝的文学

由文而质的转变趋势。北朝散文虽受南朝影响，但是自有特色。颜之推倡导古今文体合流，其代表作《颜氏家训》质朴无华，别具一格；郦道元的《水经注》骈散相间，以散为主，对后世山水散文的发展影响巨大；杨衒之的《洛阳伽蓝记》，工于描绘，文笔流畅，以散体为主，但也保留了较重的骈俪习气。此外，魏晋南北朝时期的史书，如陈寿的《三国志》、范晔的《后汉书》，小说，如干宝的《搜神记》、刘义庆的《世说新语》以及其他一些传统的散文名篇，也从不同侧面体现了散文发展的成就。

汉赋作为汉代文学的主要形式，在艺术上取得了一定成就，在中国文学史上有重要地位，但汉代大赋也表现了不容忽视的弊病与局限。三国两晋时期出现了不少辞赋作家和优秀作品，并且汉大赋逐渐被抒情小赋所取代，赋的骈化趋势也日渐明显。

建安时期的辞赋多为抒情小赋，题材亦渐趋日常化。曹植、王粲都是这一时期重要的辞赋作家。王粲的《登楼赋》、曹植的《洛神赋》是这一时期抒情赋的代表作，在抒情赋的发展史上占有重要的地位。

西晋太康年间，赋作颇多，以小赋为主。但多数作品因袭前人，缺乏个性，雕琢太甚，较少情趣，总体成就不高，唯潘岳、陆机、木华等人的部分赋作较有特色。

东晋辞赋又趋清新明快，最有成就的是陶渊明，其《归去来兮辞》《闲情赋》等，平淡自然，一如其诗，风格独特，为历来赋作所少见。

总观三国两晋辞赋，咏物抒情小赋占据主导地位，赋中整饬的偶句大增，辞藻渐趋华丽，骈化趋势明显，对南北朝骈体赋的产生有着直接的影响。

南北朝时期，辞赋转盛，名家名作颇多，且逐渐完成了骈体化的过程。南朝赋仍以咏物抒情小赋为主。南朝宋谢惠连的《雪赋》、谢庄的《月赋》，铺排而不堆砌，风格清新明丽，是南朝咏物赋的代表作。鲍照是南朝宋最杰出的辞赋家，其《芜城赋》最为人所传诵，是南朝抒情小赋的代表作。齐赋作不多，较有影响力的作家是谢朓。由于声律理论的运用，他的抒情小赋在对偶精工和声律协调方面都更加卓越，加速了抒情小赋的骈化进程。

梁是南朝辞赋的全盛时期。宫体诗人以同样的题材和风格来写辞赋，闲情艳语，华靡流荡，萧纲、萧绎为其代表。江淹是梁最有成就的辞赋作家，其作《别赋》《恨赋》最负盛名，其文辞采精美，声韵和谐，用典繁密，笔墨纵横，将南朝的抒情骈体赋推向了成熟的阶段。陈赋作不多，唯徐陵的《鸳鸯赋》稍有名气。北朝辞赋虽代有所出，然而名家名作极少。

第六章 骈文诗赋——魏晋南北朝的文学

南北朝小说的发展

南北朝文学的突出成就之一是出现了志怪小说和志人小说。

小说一词出于《庄子·外物》:"饰小说以干县令。"这里的小说指的是既无关道之宏旨,亦不可以经世的"琐屑之言"。到了汉代,班固《汉书·艺文志》列九流十家,小说家附于诸子之末,地位有所上升。其原因在于,"小说家合丛残小语,近取譬论,以作短书,治身理家,有可观之辞"(李善注《文选》卷三十一引桓谭《新论》)。班固也认为"街谈巷语,道听途说者"所造的小说,或有"一言可采"(《汉书·艺文志》)。可见汉代人是从有益于教化的角度来认识和肯定小说的价值的。魏晋南北朝人的小说观念大致同于汉代。如曹植说"街谈巷语,必有可采"(《与杨德祖书》);刘勰说"文辞之有谐隐,譬九流之有小说,盖稗官所采,以广视听"(《文心雕龙·谐隐》)。正因如此,在史传叙事文已相当发达的时代,汉魏六朝人视小说为史家的附属,并以史家的实录原则和文学家的教化原则规范小说,局限了小说的虚构性、艺术性的发展,从而使小说迟迟未获独立的文学地位。

然而汉魏六朝人对小说的定义并不能涵盖小说全部的来源和内容。神话传说、诸子设譬取喻的寓言故事、先秦两汉史书中记人叙事的经典片段，无不是小说的源头。小说的内容和形式也因此往往能逸出传统功利原则的束缚，而表现出独特的审美价值。

魏晋南北朝时期，产生了以干宝《搜神记》为代表的志怪小说。干宝搜求异同，虽然未能摆脱汉代人的小说观念，自称未敢"失实"，但因当时佛道思想流行，直指世道人心的教化内容便不限于儒家。教化内容的扩大使小说的采撷范围相应放宽，凡"足以发明神道之不诬"者（《搜神记序》），皆收入。在这一时期，类似《搜神记》者，至今尚存王嘉的《拾遗记》、张华的《博物志》等三十余种。

干宝（？—336年），字令升，新蔡（今属河南）人，东晋史学家、文学家。著有《晋记》，时称良史。《搜神记》录自传闻，非作者臆造，所录不专言神道，亦有古今"非常之事"（《进搜神记表》）。《搜神记》中有不少优美的神话故事、民间传说，如《韩凭夫妇》《董永》《嫦娥奔月》；也有揭露吏治黑暗的故事，如《范寻》《东海孝妇》《淳于泊》；也有歌颂为父报仇或为民除害的英雄故事，如《干将莫邪》《李寄》。由此可见，作者所言神道怪异，终究不离人间现实。《搜神记》大抵以人物为中心，故事完整，语言疏宕，是典型的史家之笔。一些篇章情节曲折，描写细致，已是较成熟的小说短篇。对唐传奇、元戏曲和宋以后的志怪小说，《搜神记》是产生过影响的。

这一时期志人小说的代表是刘义庆的《世说新语》。刘义庆（403—444年），彭城（今江苏省徐州）人。《世说新语》一称《世说新书》，又称《世说》，是刘义庆与其门下文士博采众书编纂而成。梁时刘孝标为之作注，引书达四百余种，甚为学者所重。汉末以来，清议品评人物，流为士人风习。魏晋玄学兴起，更注重人物风神，其时，以形见神，遗形取

第六章　骈文诗赋——魏晋南北朝的文学

神的美学观念兴起，臧否人物，不必全貌，而只在片言只语、一节一行。

《世说新语》尤其偏重记录隽言逸行，以为当时文人谈资，并供文人学习，故鲁迅说它是"一部名士的教科书"（《中国小说的历史的变迁》）。由于它的作者和对象是当时的知识分子，因而很能表现出这类人物的人生态度和文化趣味。如王徽之雪夜访友，兴尽而返，并不执着于目的，这是当时文人脱略行迹、注重内心体验的典型反映。

《世说新语》对于帝王的描述也往往写其文人特性，并不看重帝王之位。如《言语》篇载："简文入华林园，顾谓左右曰：'会心处，不必在远，翳然林水，便自有濠濮闲想也，觉鸟兽禽鱼自来亲人。'""简文崩，孝武年十余岁立，至暝不临。左右启：'依常应临。'帝曰：'哀至则哭，何常之有？'"这里写晋简文帝对自然美的领悟能力和孝武帝的哀乐任情，突出其作为文人拥有的特征。

《世说新语》在写汉晋以来的士人、贵族乃至君王言行的同时，客观上也能揭示一些当时政治的黑暗和一些人不同寻常的人生。如《尤悔》记曹丕毒杀任城王，《任诞》写刘伶的纵酒放达，《汰侈》叙石崇穷奢极欲、嗜杀成性。这类描写对认识当时的政治、文化、风俗等也都很有意义。

《世说新语》的记言记行，大抵如史传文的片段，尚未完全脱离史传文的影响。其中一些篇章语少意丰，隽永传神，有的如散文小品，有的如微型小说，对后世的小说和散文都有很大的影响。

南北朝的民歌

南北朝时期的民歌，一为南朝乐府，一为北朝乐府。

南朝乐府民歌多辑入《乐府诗集·清商曲辞》，其余则在《杂曲歌辞》中。南朝民歌可分为吴声与西曲。吴声曲目少而歌辞存留多，今存歌辞约三百二十六首，出于以建业为中心的江南地区；西曲曲目多而歌辞少，今存歌辞约一百四十二首，出于荆、郢、樊、邓一带。江南好淫祀，巫觋作乐歌舞以娱神，故又有《神弦歌》，有人神相恋等内容，形似《九歌》，被辑入《清商曲辞》。

南朝乐府民歌的内容与风格迥异于汉乐府民歌。原因在于：第一，东晋长江中下游一带农业发达，城市经济繁荣并逐渐形成市民的文化。当刘宋之时，"凡百户之乡，有市之邑，歌谣舞蹈，触处成群"（《南史·循吏列传》）。当时生活较为安定，礼教日益松弛，民间情歌纯真而大胆；商人、官吏与歌儿舞女杂处，以乐歌相娱，亦多言男女之情。到齐永明年间，"都邑之盛，仕女昌逸，歌声舞节，袨服华妆，桃花绿水之间，秋月春风之下，无往非适"，故南方情歌，情景相谐，婉媚而清新。第二，南朝君臣苟安度日，纵情于感官享乐，采诗目的乃弃两汉的观风察俗，而唯以娱乐声色为务，爱情因此成为今存南朝乐府民歌的唯一主题，少有汉代乐府民歌的悲苦之音。南朝君臣又多蓄养歌儿舞女，他们不仅对民间乐歌进行修改，而且还大力仿作。如《南史·羊侃传》云："侃性豪侈，善音律，自造《采莲》《棹歌》两曲，甚有新致。姬妾侍列，穷极奢靡。"今存乐府民歌中不乏露骨的色情描写，与此有很大的关系。

南朝民歌的写作技法也不同于汉代乐府，而是长于以委婉细腻的笔法描写人物的心理活动，如《子夜歌》："夜长不得眠，明月何灼灼。想闻散唤声，虚应空中诺。"更长于情景交融，写出悠悠情思，如《子夜四时歌·秋歌》："秋风入窗里，罗帐起飘扬。仰头看明月，寄情千里光。"南朝民歌在语言上的最大特点是利用汉语谐音，以双关隐语取喻起兴，如《子夜歌》："始欲识郎时，两心望如一。理丝入残机，何悟不成匹。"同音异字，如以"丝"双关"思"；同字异义，如以"布匹"双关"匹配"，委婉含蓄，曲尽其妙。

《西洲曲》是南朝乐府民歌中最长的一首五言抒情诗，在《乐府诗集》中属《杂曲歌辞》。诗歌描写一位少女在四季景物的迁移中对远方情人的苦苦思念，几乎集中了南朝民歌所有的艺术特点，达到了南朝民歌最高的艺术成就。

总的说来，南朝乐府民歌的体制短小，情韵悠远，既是齐梁新体小诗的范本，又是唐人绝句的滥觞。

北朝乐府民歌多半辑入《乐府诗集》的《梁鼓角横吹曲》中，今存约七十首。这些民歌多数产生于十六国至北魏时期，作者为鲜卑、匈奴、羌、氐、汉等各族群。其内容和风格与南朝民歌迥然不同。齐梁时期，南北互通使者，交流文化。北歌为梁乐府所保存，所以称为"梁鼓角横吹曲"。"横吹曲"是军中马上所奏之乐，刚劲质朴，颇不同于南歌的清新婉约。

北朝乐府民歌的内容较南朝丰富。北魏乐府沿袭汉代制度，采诗以观政教得失，所采乐歌，有写社会离乱、家庭离析的，如《隔谷歌》；有写社会贫富对立的，如《幽州马客吟》；北歌还表现了北方胡人尚武强悍的精神，如《企喻歌》《折杨柳枝歌》《李波小妹歌》等。

由于北方胡人的社会组织、人文风俗原始朴野，不受礼教束缚，其爱情诗歌亦热情奔放，绝无矫饰。如《地驱乐歌》："驱羊入谷，白羊在前。老女不嫁，蹋地呼天！"《折杨柳枝歌》："门前一株枣，岁岁不知老。阿婆不嫁女，那得孙儿抱？"把少女渴望出嫁的心情表达得如此直接，这在注重礼教的社会是不可想象的。《地驱乐歌其三》《折杨柳歌辞·腹中愁不乐》则写热恋中的少女胸襟开朗，热烈主动，洋溢着生命的活力，这又是被礼教扭曲的女子所不可比拟的。北朝乐府民歌在艺术上的最大特点是直抒胸臆，气盛词质，快人快语。其于四、五、七言和杂言的灵活运用也很能表现出北方胡人不受形式约束的自由创造精神。像《敕勒歌》那样气象苍苍的草原牧歌，虽已译为汉语，但其视野之开阔，吐辞之刚健，仍然不失北方胡人族群之特色，其生活情调也是和南方民歌大不相同的。

《木兰诗》是北朝唯一的长篇叙事诗。由于代父从军的主人公是一位闺中少女，"事奇语奇"（《古诗源》），很有传奇的色彩。

《木兰诗》反映了处于战争中的北方胡人的现实生活。作者以乐观的态度和赞叹的笔调写出木兰慷慨从戎，为国效力及功成不受封赏的事迹与精神，且以活泼、幽默的语言写出木兰重着女装的喜悦以及面对战友时的调皮，从而创造出一位天真妩媚、勇敢高尚且丰满的女性形象。这在古代的民歌中，是不可多得的。

曹植的诗文

韩愈有"不平则鸣"之说,欧阳修有诗"穷而后工"之论,都认为社会不公、人生不幸往往能成就一些大文人。曹植的情况也证明了这一点,他的文学精品绝大部分都是后期创作的。

曹植的文学成就极高,著述为建安文人之最,他生前曾自编作品选《前录》,死后曹叡曾为他辑录作品,编成文集。《隋书·经籍志》著录有集三十卷,今存十卷,另有后人搜集的逸文一卷。在质量上,曹植的诗赋在当时已达到了艺术的巅峰,《洛神赋》千古流传,《白马篇》《赠白马王彪》是五言诗中的精品,为曹植奠定了极高的文学地位。

先说《洛神赋》,关于此赋的写作背景和创作动机历来有不同说法。或云曹植当年曾特别喜欢甄氏,而甄氏也爱恋曹植。但甄氏先成为曹丕的夫人,是曹植的嫂子,曹丕称帝而曹植遭受贬谪;后来甄氏被赐死,曹植对甄氏非常怀念,恋恋不舍,在其从京师返回途中经过洛水时,便假托洛神而抒发对甄氏刻骨铭心的爱恋之情,所以此赋又称《感甄赋》。此事之真实程度难以确证。我们还是欣赏一下那段描绘洛神最精彩的语言吧!

其形也，翩若惊鸿，婉若游龙。荣曜秋菊，华茂春松。髣髴兮若轻云之蔽月，飘飖兮若流风之回雪。远而望之，皎若太阳升朝霞；迫而察之，灼若芙蕖出渌波。秾纤得衷，修短合度。肩若削成，腰如约素。延颈秀项，皓质呈露。芳泽无加，铅华弗御。云髻峨峨，修眉联娟。丹唇外朗，皓齿内鲜。明眸善睐，靥辅承权。

这段文字描绘了洛神的美貌，神形兼备，语言生动鲜活，文字色彩艳丽。

在描绘洛神行走时的神态时，他说："体迅飞凫，飘忽若神。凌波微步，罗袜生尘。"这些都成为后世形容女子美貌时常引用的词语，足见其艺术魅力。

《白马篇》是曹植的早期作品，表现出其少年英勇杀敌、舍身报国的英雄主义和爱国主义精神，流传较广，诗不长，故全录下：

白马饰金羁，连翩西北驰。借问谁家子，幽并游侠儿。少小去乡邑，扬声沙漠垂。宿昔秉良弓，楛矢何参差。控弦破左的，右发摧月支。仰手接飞猱，俯身散马蹄。狡捷过猴猿，勇剽若豹螭。边城多警急，虏骑数迁移。羽檄从北来，厉马登高堤。长驱蹈匈奴，左顾凌鲜卑。弃身锋刃端，性命安可怀？父母且不顾，何言子与妻。名编壮士籍，不得中顾私。捐躯赴国难，视死忽如归。

《白马篇》把侠义精神和爱国主义结合起来，具有鼓舞人心的作用，洋溢着奋发向上的气息。《赠白马王彪》则风格大变，感情极其压抑、愤懑，艺术表现也出现很大转变。全诗采用章章蝉联、层层递进的结构方式，情景交融，抒发了遭受迫害的极端愤慨和痛苦的心情。我们阅读下面的文字，其悲愤的心情就可以体会出来了。

……脩坂造云日，我马玄以黄。

玄黄犹能进，我思郁以纡。郁纡将何念？亲爱在离居。本图相与偕，

第六章　骈文诗赋——魏晋南北朝的文学

中更不克俱。鸱枭鸣衡轭，豺狼当路衢。苍蝇间白黑，谗巧令亲疏。欲还绝无蹊，揽辔止踟蹰。

踟蹰亦何留？相思无终极。秋风发微凉，寒蝉鸣我侧。原野何萧条，白日忽西匿。归鸟赴乔林，翩翩厉羽翼。孤兽走索群，衔草不遑食。感物伤我怀，抚心长太息。

凄凉萧条的秋景、野兽横行的艰难路途、悲伤孤寂的心境，构成一幅阴冷的艺术画面，烘托出曹植当时的悲苦心境。另外，本诗采用辘轳体的修辞手法，使前后章首尾蝉联起来，内容上前后紧密承接，形式上造成一种连环的感觉，产生出一唱三叹、缠绵悱恻的艺术效果。

曹植的诗歌在南北朝时期备受推崇，钟嵘在《诗品》中评价其"骨气奇高，词采华茂。情兼雅怨，体被文质"，并说自己"抱篇章而景慕，映余晖以自烛"，可见其景仰的程度。曹植对于五言诗的发展有巨大贡献，他是中国文学史上第一位大力写作五言诗的文人，在其现存的九十多篇诗歌中，五言诗有六十多首。他的诗歌既有《诗经》"哀而不伤"的朴实庄重，也有屈原作品中的那种深沉婉转和幽怨；既继承汉乐府反映现实的传统，也有《古诗十九首》凄婉悲伤的情调。曹植可谓是当时诗歌的集大成者，对于魏晋时期五言诗的迅速发展起了重要作用。

刘义庆及其《世说新语》

刘义庆在南朝宋王朝宗室中是位少有的贤王。他本来是武帝刘裕二弟刘道怜的次子，但因刘裕特别器重的幼弟临川王刘道规没有儿子，便把刘义庆过继给他。这对于刘义庆倒非常有利，因为刘义庆生父刘道怜资质平庸，在刘裕创建天下的过程中也没什么建树，故不受刘裕看重，而刘道规少有大志，颇受刘裕喜爱。在刘裕和桓玄的决战中，刘道规起了关键作用。战胜桓玄是刘裕站稳脚跟最终登基的关键，因此刘裕封刘道规为振武将军、义昌太守。刘裕曾把自己的次子刘义隆过继给刘道规。后来刘道规死，刘裕登基，刘义隆又回到刘裕的宗谱里，刘裕这才将刘义庆过继给刘道规，袭临川王之位。

刘义庆自幼聪明，深受宋武帝刘裕器重，武帝曾拍着刘义庆的脑袋夸奖说："这是我家的丰城宝剑！"意思是刘义庆为刘家的宝贝。他十三岁被封南郡公，十八岁袭临川王，为侍中。武帝死后，继位的太子刘义符当皇帝一年多便被大臣杀害，刘义隆登基。刘义庆看到宗室内部争夺帝位的斗争极其激烈，便自动避嫌，要求离开朝廷，于是被派往荆州。他在荆州多年，颇有功绩，后担任江州刺史、南兖州刺史，开始编撰《世说新语》。他礼贤下士，招募文士，当时著名文人如袁淑、陆展、何长瑜、鲍照等多聚集到他的门下。刘义庆为人俭朴谦逊，这在当时崇尚奢侈的时代非常难得。但他晚年热衷佛教，为此花费大量金钱。刘义庆很迷信，在广陵（今江苏省扬州市）时，不幸患病，恰好此时白虹贯城、野鹿入府，他感觉是不祥之兆，十分恐惧，要求返京，刘义隆答应了。他回到京师后不久，在元嘉二十一年（444年）病死，时年四十二岁。

据《宋书·刘道规传》载，刘义庆有《徐州先贤传》十卷，又拟班固《典引》为《典叙》。除《世说新语》流传下来外，其余都散佚了。关于《世说新语》是否为刘义庆所著的问题，鲁迅先生在《中国小说史略》中推断说："然《世说》文字，间或与裴、郭二家书所记相同，殆亦犹《幽明录》《宣验记》然，乃纂辑旧闻，非由自造。《宋书》言义庆才词不多，而召集文学之士，远近必至，则诸书或成于众手，未可知也。"因此，该书可能是刘义庆组织人集体编撰的。

《世说新语》最早的注者是刘孝标，其注解学术价值很高。现代善本当首推余嘉锡的《世说新语笺疏》。鲁迅先生评价《世说新语》说："记言则玄远冷隽，记行则高简瑰奇。"全书及刘孝标注共涉及各种人物一千五百多人，魏晋两朝的主要人物绝大部分被囊括其中，书的主要内容就是记录这些历史名人的言行。语言简洁明快，人物鲜活，隽永传神，具有小说要素，成为世情小说的鼻祖。其后模仿作品屡见不鲜，也为后世小说戏曲提供了素材。

该书共分三十六门，按照人物的言行、品格等分类，以类相从，记录了魏晋名士清谈、饮酒、任诞等传闻轶事，是赞颂名士风流的故事集。所谓风流，是一种人格之美，按照冯友兰先生的说法，真正的风流需要具备四个条件：玄心、洞见、妙赏、深情。其中，最重要的是玄心，指超脱功利世俗而追求适意真实生活之心。清谈便是表现理性思维的高度，而饮酒和任诞是用自然真情来对抗虚伪名教的方式。

如果从社会生活实际出发来进行考察，可以说《世说新语》所标榜的名士风流起源于汉末以来的人物品藻，而人物品藻的根源则与当时的政治选举制度有关。汉代没有科举制度，选拔官吏主要通过"察举"和"征辟"两种途径，而这都要求对于地方人物进行考察评议。于是人物的社会声誉便成为进入官场的重要因素。这种状况促使人们迫切希望自己得到外界较高的评价。到魏晋时期，品藻人物的角度悄悄变化，由政治性人物品藻转变为审美性人格品藻。清谈之风便与这种风气相互作用。

清谈玄理是在追求一种心灵的美、哲学的美、神韵的美，追求超越物质利益和世俗功名的生命价值和永恒人格。这种人生理想为后世知识分子提供了精神生活的家园和典范，因此深受后人喜爱。这便是《世说新语》流传千古的内在原因。

第六章 骈文诗赋——魏晋南北朝的文学

"建安风骨"的继承者：左思

有的文学家从小聪慧过人，才思敏捷，被誉为奇才、神童；有的文学家少时语不惊人，好像智慧之神的灵光照射不到他们身上。孩提时代的西晋著名文学家左思便属于后一种情形。

左思（约250—约305年），西晋文学家。字太冲，齐国临淄（今属山东省淄博市）人。小时候，他没能赢得父母的欢心，也得不到邻居的喜爱。看模样，他不仅仅是其貌不扬，甚至连长相端正也说不上；论口才，他言语迟钝；说学识，他也极为平常。他拨弄过一段时间的乐器，可最终也没能成功。看来，他虽然不是天生的低能儿，但他的天赋和才能至少也是平庸无奇，以至于父亲曾经摇头叹气地对朋友们说："他

左思画像

的学识不如我少年的时候。"这话不知怎么传到了左思的耳里,听父亲这样说,他心里很难受,先天对他没有优厚,后天对他也并不偏爱。好些天,他都像大人一样陷入了沉思。他开始重新规划自己的生活。

他走上了自己选定的路。像关小鸟一样,他把自己关在屋子里,拼命地读书,勤奋地作文。凡是能弄到手的书籍,他都爱不释手,不捧读完就不吃饭不睡觉。他和妹妹左芬一起学写诗、学作文,生活过得既充实又愉快。他充满了年轻人的热情和自信。即使天生愚笨,他也相信自己能够通过努力让脑筋开窍,成为一个有学问的人。

功夫不负有心人。"弱冠弄柔翰,卓荦观群书",二十岁的左思已经博学能文,才学出众了。"著论准《过秦》,作赋拟《子虚》"。左思著论作赋,皆以名家名篇为楷模。他不知读了多少遍班固的《两都赋》和张衡的《二京赋》。他钦佩大师们的手笔,那典雅的文字,写尽了京都的富丽堂皇。但这两篇赋中,对京都物产、建置的记述和对京都景物的描写不免有虚夸失实之词。左思觉得真实生动地记录名都大邑对后代而言无疑会是一份很有价值的文献资料。其时,吴、蜀初平,左思心里萌发起一个愿望,想把蜀都、吴都、魏都写下来,合称《三都赋》。

正当他跃跃欲试的时候,他的妹妹左芬因才学出名被选入皇宫为贵嫔。左思也把家从临淄搬到京城洛阳。喧闹的京都生活对他没有一点吸引力,搬来这里完全是为写作。稍加安顿,他就潜心于自己的计划,积极地着手写作。

动笔之前,他四处奔走,八方询问,哪怕为一星半点资料也不惜跑上一天半日,直到得来为止。构思之中,他闭门谢客,天刚亮就起床翻阅资料,晚上夜深人静,洛阳城的人都进入了梦乡,他还在伏案苦思。写作起来,他更是专心致志。据说,有一次吃饭时,由于凝眉苦思,他竟错把毛笔当成筷子,等到笔入口中才觉出一番怪味。他弄得满嘴黑污,家里

第六章 骈文诗赋——魏晋南北朝的文学

人见了捧腹大笑，他自己也忍不住笑了起来。为了随时捕捉诗句，他在院子里、大门边，甚至厕所外面都搁置着纸笔，想到一句即刻写上。在修改中，他一边诵读，一边修改，常常是划了又改，改了又删，直到满意为止。就这样，他花了十年的工夫，终于写成了《三都赋》。这时，左思已经从青年进入了中年。

　　捧读这篇浸透了自己心血的文章，左思有说不出的欣喜。他不是一个自傲的人，可这时，他确信这篇文章不亚于前人的京都赋。《三都赋》分赋三国都城的地理风光，其中写到的山川城邑、鸟兽花木、风谣歌舞等，无不依据地图、方志并加以考订。但是，这篇文章能否得到世人的承认呢？

　　那些峨冠博带的文人们听说《三都赋》出自一个不知名的人之手，都对其报以白眼。更有甚者，吹毛求疵，将此文说得一钱不值。但张华、皇甫谧等几位名士看后却连声赞好。名人言贵，古今皆然，几乎被打入冷宫的《三都赋》顿时身价暴涨，一时间被人们争相传抄。由于抢着抄写的人越来越多，竟使洛阳城的纸张都越卖越贵了。流传至今的成语"洛阳纸贵"就是这么来的。

　　魏晋门阀制度下并不全是凭才学吃饭的文人，除了有学识还得出身高贵，否则只能屈居下位。而高门士族的子弟，即使才能低劣也能窃居高位，享尽人间的荣华富贵。世态炎凉，人间不平的现实使左思有了清醒的认识。他以诗言志，借古抒怀。代表他诗歌最高成就的《咏史》诗应运而生了。

　　《咏史》诗大体写于左思入洛阳不久，一共有八首。名为咏史，实际上是借古人古事来抒写自己的抱负，批评当时的社会，表达对门阀制度的愤恨，文字力透纸背，使我们看到了一个有志气，有作为，不畏权势，蔑视达官贵人，但愿意立功、立言的知识分子形象。

刘勰在《文心雕龙》里称左思"业深覃思，尽锐于《三都》，拔萃于《咏史》"。左思的《三都赋》虽是精心之作，并曾名动一时，但基本上是走汉代大赋的老路；其诗作虽不太多，却已足见其志高才雄，胸怀旷达，富有反抗精神，尤其是《咏史》，更是笔力矫健，风格雄浑，情调高亢，语言刚劲，高出于当时其他诗人。因此，钟嵘的《诗品》称赞左思创造了一种独特的"左思风力"，这是对"建安风骨"的继承和发扬。

第六章 骈文诗赋——魏晋南北朝的文学

恬淡的田园诗人——陶渊明

在中国古典诗歌中，有一种以自然景物和农村生活为题材的诗。人们把这种诗叫作田园诗。田园诗发展到唐代，与山水诗共同形成了山水田园诗派。一般认为，田园诗的创始人是东晋末年的陶渊明。也正因为这样，陶渊明被称为最早的田园诗人。

陶渊明，又名潜，字元亮，浔阳柴桑（今属江西省九江市）人。他出生在晋哀帝兴宁三年（365年），卒于南朝宋元嘉四年（427年），死后世人尊称其为"靖节先生"。

陶渊明的曾祖父是东晋名将陶侃，曾任荆、江二州刺史，都督八州诸军事，封长沙郡公，去世后获赠大司马，谥号"桓"。陶侃是一个能干而有作为的人，是东晋前期著名的功臣。陶渊明的祖父陶茂做过武昌太守，父亲陶逸做过安城太守。不幸的是，陶渊明八岁就死了父亲，十二岁又死了母亲，家境从此便开始败落了，以至连生活都十分艰难。

家道中落，生活贫寒，这对陶渊明的成长是不利的。但困难也能使人发愤，少年时期的陶渊明就博览群书，努力学习。当时江州一带经学盛行,陶渊明也受到影响。在他后来所作的《饮酒》诗中,他说自己:"少年罕人事,游好在六经。"由此可见,他对经学兴趣很浓。他年少时就有了"济世救民"的志向,对传说中的"尧舜圣世"非常向往。他有一番雄心壮志,很希望自己能建功立业。但是,那时正是门阀制度的极盛时期,东晋王朝政治上腐败不堪,很多有真才实学的人遭到打压。家世已经没落的陶渊明自然是得不到皇权重视。

太元十八年(393年),陶渊明二十九岁时才由别人推荐出任江州祭酒,但不久就因为难以忍受仕途的污浊而辞官归去。从那以后,他迫于生计又任过参军之类的官职,由于抱负无法施展,仍不免常有失意之感。四十一岁时,他在亲友的劝告下担任了彭泽令,那是晋安帝义熙元年(405年)。有一天,他忽然得到通知,说郡里要派督邮到彭泽来。县衙门里有一个小吏劝陶渊明要认真准备,束带恭迎,以示敬意。小吏满以为陶渊明一定会这样做,不料陶渊明却说,他不能为五斗米折腰,并且当天就脱下官服,交出官印,走出衙门,回老家去了。回家以后,他还写了著名的《归去来兮辞》,表现他对仕宦生活的鄙弃,对重获自由的喜悦,对农村景物和劳动生活的热爱。陶渊明只做了八十多天的彭泽令就辞官归隐了。他干了一件很有骨气的事。他"不为五斗米折腰"的精神一直为人们所称道。

陶渊明的诗多半是在他归隐田园后写的。他的很多诗批判了当时社会政治的腐败,抒发了自己的理想和抱负。由于退隐后亲自参加劳动,接近了下层百姓,他写出了不少歌颂、赞美农人淳朴生活的田园诗,为人们广泛传诵。其存世诗有一百二十多首,具有丰富的内容和感人的艺术力量。

陶渊明晚年的生活十分贫困,尽管如此,他人穷志不移。有一次,江州刺史来到陶渊明家,劝他出去做官,还送给他一些粮食和肉。这时,他

第六章 骈文诗赋——魏晋南北朝的文学

家连吃饭都成问题,但他仍婉言谢绝了对方的劝告,送的东西也一点没有收下。他蔑视功名富贵,保持了自己的风骨。

元嘉四年(427年),陶渊明六十三岁。这时他的身体已经越来越不行了,贫病交加。是年九月,他写下了《挽歌诗》三首,其中有一首的最末两句是"死去何所道,托体同山阿",表现了诗人视死如归、矢志不渝的可贵品格。两个月后,他就逝世了。

陶渊明的一生是不平常的。当时,他的作品因与贵族文坛的普遍倾向不合,所以未获应有的重视。从思想内容来说,陶渊明诗文中进步的思想内容和当时文坛上世俗的观念是背道而驰的,一些文人并不理解他表达的社会价值;从艺术风格来说,他的淳朴淡泊也不合当时贵族们的欣赏口味。陶渊明在当时的文坛不引人注意是毫不奇怪的。到了梁陈时期,钟嵘和萧统开始重视他了,但钟嵘的《诗品》也仅仅把他列在"中品",萧统虽在《文选》中选录了他的作品但也很少。直到唐代,陶渊明作品的价值才真正被人们所认识,他的诗文得到传抄、补辑和注释。诗人李白、杜甫、白居易都曾写下热情赞颂陶渊明的诗句,对他做了很高的评价。在宋代,文学家苏轼、诗人陆游都酷爱陶渊明,并直接受到他的影响。元代以后,陶渊明为更多的人所认识,其作品的影响也更加广泛。这个伟大的诗人终于在中国文学史上占有了重要的地位。

陈寿撰成《三国志》

《三国志》是纪传体国别史，共六十五卷，记载魏、蜀、吴三国的历史，其中《魏书》三十卷，《蜀书》十五卷，《吴书》二十卷。全书只有纪、传，而无表、志。《魏志》前四卷称纪，《蜀书》《吴书》有传无纪。

陈寿（233—297年），字承祚，西晋巴西安汉（今四川省南充市北）人。少好学，曾受教于谯周，蜀汉时任观阁令史。入晋后，历任著作郎、治书侍御史等。太康元年（280年）晋灭吴后，他搜集魏、蜀、吴史料，终于撰成《三国志》。

《三国志》以曹魏为正统，列魏志于全书之首，对魏的君主称帝，叙入纪中，而对吴、蜀君主则称主不称帝，叙入传中。在陈寿撰《三国志》之前，魏、吴两国已有史，官修的有晋王沈的《魏书》、吴韦昭的《吴书》等，私修的有魏鱼豢的《魏略》，它们皆成为陈寿《三国志》中魏、吴两志的基本资料。蜀国无史，但陈寿本为蜀人，又受教于史学家谯周，因而其自采资料而成蜀志，亦不逊于魏、吴两志。三志本独立流传，后世

第六章　骈文诗赋——魏晋南北朝的文学

才合为一书。在中国古代纪传体正史中,《三国志》与《史记》《汉书》和《后汉书》并称为前四史。

《三国志》取材严谨,文笔精炼,记事比较真实。凡三国时期在政治、经济、军事上有重要影响的人物以及在学术思想、文学艺术、科学技术上有贡献的人,书中都有记载。此外,书中也记录了一些其他族群及邻国的历史。但记载过于简略,对一些重要的历史事件和人物事迹语焉不详,甚至遗漏。另外,《三国志》是没有记载典章制度等内容的志,为一大缺憾。

由于《三国志》叙事较为简略,南朝宋文帝命裴松之作注。裴松之广搜资料,引用之书多达二百余种,其主要价值在于提供了大量资料,使史事更加详明,以补《三国志》之不足。因此,对于研究三国时期史事,《三国志注》的重要性和价值可与《三国志》相媲美。

扩展阅读　建安七子

"建安七子"又号"邺中七子",是指东汉末年汉献帝建安年间(196—220年)的七位文学家:孔融、陈琳、王粲、徐干、阮瑀、应玚、刘桢。同时期曹丕的《典论·论文》首次将他们相提并论,"七子"与"三曹"往往被视作汉末三国时期文学成就的代表。

"建安七子"与"三曹"构成建安作家的主力,对诗、赋、散文的发展都曾做出过贡献。王粲在诗赋上的成就高于其他六人。刘勰《文心雕龙·才略》曰:"仲宣溢才,捷而能密,文多兼善,辞少瑕累,摘其诗赋,则七子之冠冕乎。"王粲的代表作是《七哀诗》与《登楼赋》,最能体现建安文学的特点。王粲《七哀诗》吟道:"出门无所见,白骨蔽平原。路有饥妇人,抱子弃草间。"他把在乱世的经历见闻融入作品之中,留下了对历史的真实记录。

七人当中,除孔融外,其他六人都依附于曹操父子。建安二十二年(217年)冬天,北方发生疫病,当时为魏世子的曹丕在第二年给吴质的信中说:"亲故多离其灾,徐、陈、应、刘一时俱逝。"《三国志·魏

第六章　骈文诗赋——魏晋南北朝的文学

书》载:"(王粲)建安二十一年从征吴。二十二年春,道病卒。"除孔融、阮瑀早死外,建安七子之中剩余的五人竟然全部死于这次传染病。曹植在《说疫气》中描述当时疫病流行的惨状说:"建安二十二年,疠气流行,家家有僵尸之痛,室室有号泣之哀。或阖门而殪,或覆族而丧。"

第七章

百戏杂技——族群交融中的技艺创新

魏晋南北朝三百多年间,除西晋初期有过短暂的南北统一外,其余时期都是处于分裂和战乱之中。在这样的背景之下,民间表演艺术遭到了一定程度的破坏,前一时期已经出现的戏剧雏形向戏曲转化的进程也极为缓慢。但在族群交流、交往、交融中,民间百戏杂技相互交流,不断创新。

魏晋南北朝的杂艺

东汉末年,宦官掌权,把持朝政,政治腐败,以致社会动荡、民不聊生。自184年黄巾起义以来,汉代江山一直处于风雨飘摇的状态。从总体上看,这一时期杂技没有太大进步,但这一时期继承了汉代百戏并吸收了西域杂技特色,为隋朝宫廷杂技的完全成熟奠定了基础。

杂技在这一时期经历了动乱纷争的考验,表现出了顽强的生命力。杂技之所以能够在如此动荡的环境中生存,有历史的原因,也是由其自身特点决定的。

265年,司马炎建立晋朝,史称西晋。西晋汇集了三国的乐舞及杂技人才。据史料记载,280年晋灭吴后,司马炎从吴宫中带五千多名女伎北上,使西晋王朝后宫女伎人数过万,规模庞大。这对当时的杂技发展起了重要作用。东晋时,南北对峙,出现了不同的艺术特色。这一时期,社会更加动荡,中原朝廷更迭频繁。最值得一提的是,这一时期北方胡人入主中原,他们的马上技术及西域的乐舞逐渐传入中原,促进了中原马戏的发展。各种北方胡人技艺与中原杂技融合,中原杂技在继承汉代百戏的基础上兼容并包，获得发展。

三国两晋南北朝时期，杂技能够生存和发展还源于其自身的特点。汉代末期，宫廷杂技就逐渐向民间发展。在民间，杂技的特点为流动作艺，其形式多样，地点不限，随便一个街头就可以当场表演。另外，杂技所需道具极其简单，像日常用的碗、盘等均可以作为杂技道具。杂技也不受语言限制，即使语言不通观众也能看懂，这就使杂技有了更广阔的市场。

这一时期各族群之间交流频繁，促进了杂技艺术的不断融合，在汉代百戏的基础上，又出现了一些新节目。十六国时期的"齿上橦"技艺即是西北羯族的表演方法。表演者先用头顶着载有两个人的长竿，一会儿又将长竿转到牙齿上，这种表演体现出了力量之美。到南北朝时期，族群之间交流更加频繁，许多西域人在中原定居。北周武帝娶突厥公主阿史那氏为后，更促进了双方的交流。乐舞《西凉乐》就颇能体现杂技融合。

《西凉乐》是西域的乐舞传到河西走廊，与当地乐舞结合，并经过中原杂技艺术的改造而形成的。

这一时期的杂技还呈现出南北风格迥异的特点。三国两晋南北朝只有西晋经历了短暂的统一时期。长期的南北割据局面，特别是东晋之后长达二百六十多年的对峙，促成了南北杂技风格的不同发展方向。北方杂技多有雄浑、伟健之风，杂技项目多有惊险类、宏伟壮阔类节目。而南方杂技则不同，南方受孔子儒学影响很深，后来老庄之学又很盛行，逐渐养成了纤细清新的艺术风格，更注重表现意境。

东汉时佛教传入中国，到南北朝时已相当繁荣。在皇室的影响下，各地不断兴建佛寺、庙宇，庙会也非常盛行。庙会的组织人员常常请一些杂技艺人前来表演，以增添热闹气氛，从而大大促进了民间杂技艺术的发展。

马戏、动物戏发展到汉朝，已经相当兴盛；到了三国两晋南北朝时期，受到社会的影响发展较慢，但也并非停滞不前，而是在汉代基础上略有发展。特别是马戏，取得了一定的成就。

在这一时期，社会动荡、战争频繁，所以各朝各国都特别重视骑术，特别是北方王朝。有时，朝野上下均以骑马射箭为能事。史书记载魏文帝曹丕妻甄后八岁时就能表演马戏，当时甄后在其家门口表演"立骑马戏"，引得家中的姐姐们都上阁楼观看。由此可见，当时马戏在民间的盛行。曹植《名都篇》中也记载了当时贵族子弟们骑马打猎或打马球的情形。魏武帝曹操也曾"于马上舞三巴"。这些都表明了当时马戏的兴盛，而"猿骑"表现尤为突出。

一些史料中记载了"猿骑"的具体情形：表演者模仿猕猴的形态在奔跑的马上行走，有时在马头，有时在马尾。有表演者立在马上，屈一只脚书写，能字字工整。有表演者模仿猕猴形态，有时在马头、马尾，有时还能在镫里藏身。这些表演是由西北羯族传入中原的。马上站立已相当不容易，还要来个镫里藏身更加困难。特别是"立书"，动作难度更大，需要有超人的平衡能力。

除马戏外，这一时期的动物戏也有一定的成就，较出名的有吴国的驯象、东晋时的猴戏。

孙权特别喜欢驯象表演，陈寿在其《三国志》中就写"（孙权）出祖道，作乐舞象"。孙权也常把大象作为礼品，"曹冲称象"中的"象"，就是孙权送给曹操的。

东晋时期，猴戏非常流行。有人将猴戏上演前化装、出场后表演的过程记录下来，称那猴子"既似老公，又类胡女"，将猴戏的表演写得精彩绝伦，可见当时驯兽水平的高超。

此外，这时的驯狗技术也非常有名。史书中就记载了一则故事。文学家陆机有一条骏犬，叫作黄耳。陆机对其说话，黄耳竟能"摇尾作声"，而且还能为陆机传递书信。若不是经过特殊训练,恐怕黄耳跟平常的狗也无太大区别。

六 乐

六乐亦称六代乐舞,即传为黄帝之乐的《云门》、传为帝尧之乐的《大咸》、传为帝舜之乐的《大韶》、禹的《大夏》、商汤的《大濩》、周武王的《大武》。周代制定礼乐,六代乐舞用于郊庙祭祀。《云门》用于祭天,《大咸》用于祭地,《大韶》用于祭四望,《大夏》用于祭山川,《大濩》用于享先妣,《大武》用于享先祖。

三曹与杂技

东汉末年,黄巾起义爆发,社会急剧动荡。一时间,诸侯蜂起,烽烟不断。魏、蜀、吴三国鼎立的格局出现后,百姓暂时有了一个休养生息的机会。

曹魏雄踞北方。曾为百戏摇篮的两京——长安、洛阳,均在其毂中。一度在战火中隐迹的杂技艺术,随社会局势趋于稳定,开始复苏。

这一时期的文化领域,一反两汉传统,没有多少束缚。为"建安文学"做出重要贡献的三曹父子,在艺术爱好上同样显示出他们鲜明的个性。他们地位显赫,举足轻重,自然会影响当时艺术的存在与发展,对杂技艺术亦然。

曹操学识渊博,集政治家、军事家、文学家于一身,对百戏杂技也颇有偏爱。《魏略》中说:"孔桂字叔林,好蹴鞠,太祖(曹操)爱之,每在左右。"

曹操与方士左慈的交往,历史上也多有记载:"左慈,字元放,庐江人也。少有神通,尝在曹公座,公笑顾众宾曰:'今日高会,珍馐略备。

所少者，吴松江鲈鱼为脍。'放曰：'此易得耳。'因求铜盘，贮水，以竹竿饵钓于盘中。须臾，引一鲈鱼出。公大抚掌，会者皆惊。公曰：'一鱼不周坐客，得两为佳。'放乃复饵钓之。须臾，引出，皆三尺余，生鲜可爱。公便自前脍之，周赐座席。"

从这段记述可以看出，左慈的几次表演都是曹操主动引出来的。表演期间，他不仅为之抚掌叫好，而且还亲自下厨为来宾做鱼脍，可见其兴致是何等之高。至于后来发生众所周知的"左慈戏曹"的故事，那也多半出于统治与反统治的政治原因，与曹操的爱好是两回事了。

曹操在统一北方的过程中，对恢复百戏杂技艺术起过重要作用。《记纂渊海》中说他"增修杂戏""以备百戏"。

曹操"增修杂戏"的过程，也就是整理、继承、发展杂技艺术的过程。他于戎马倥偬之中，整杂戏于纷乱，备百戏以娱民生，对于保存秦汉以来的传统文化，颇有功绩。

汉献帝延康元年（220年）一月，曹操在洛阳病死，曹丕袭魏王位。十月，曹丕逼献帝禅让，取而代之，是为魏文帝。据史书记载，曹丕受禅之前，军队停驻于故里谯郡，他在那里犒赏三军和家乡父老，举行了一次盛大的伎乐百戏演出。

曹丕作为当时的文坛领袖，曾在为王粲送葬的时刻，选择了学"驴鸣"这样一种形似荒诞而实含深情的方式来表达自己的哀思，这其实是口技。

"三曹"中的曹植以诗才名重当时。其中就有不少关于百戏杂技的词句。如"斗鸡东郊道，走马长楸间""连翩击鞠壤，巧捷惟万端"（《名都赋》），"阳阿奏奇舞，京洛出名讴"（《箜篌引》），"仰手接飞猱，俯身散马蹄。狡捷过猴猿，勇剽若豹螭"（《白马篇》）等。这些咏诵自然出于他自身的经历，由此可以推想出他所接触的那一个社会阶层的

第七章　百戏杂技——族群交融中的技艺创新

爱好与趣味。

曹植本人是个能文能武的多面手。据说，他不仅能作胡舞，善弄乐，会击剑，同时还是个"跳丸"的行家。如此一个才华横溢的人，只因生在帝王家，始终受到猜忌与限制，以至襟怀压抑，年仅四十岁即郁郁而亡。

继"三曹"之后，魏明帝曹叡对当时的百戏发展也颇有建树。曹魏代汉，一切自视为正统。为此，曹叡也大兴土木，效仿汉武兴建平乐观之故事，建造了一个以表演百戏乐舞为主的大型场所。

曹叡喜爱百戏，就有人献上一套载有各种百戏杂技表演造型的雕塑。曹叡观罢，见其制作精巧，很是喜爱，只叹它们是些死物，联想到博士马钧巧思绝世，便让他设法使它们动起来。

曹氏父子历经百战统一北方，不仅引领了流芳千古的"建安文学"，同时也为恢复与继承汉代的百戏杂技文化做出了重要贡献。汉末，民间杂技经过多年战乱，也进一步锤炼了自身的生存能力，从而能够更从容地面对两晋南北朝社会纷繁多变的考验。

马钧的水力百戏造型

马钧用水作为转动的原动力，根据各种百戏表演的造型做成四肢可以活动的木偶人。木偶连接着下面的靠水来驱动的机械。水冲动机械，机械又带动木人，这样，雕塑就活动起来了。史书上说，马钧的"水转百戏"可以"至令木人击鼓、吹箫、作山岳，使木人跳丸、掷剑、缘絙、倒立，出入自在，百官行署，舂磨斗鸡，变巧百端"，看来马钧真是"天下之名巧"。这也从侧面反映出汉魏时期我国木偶杂戏已具有一定的规模。

幻术技艺形成

在杂技节目之中，幻术节目出现的时间较晚，发展也相对缓慢。直到汉代，才出现了具有一定水平和规模的"鱼龙曼衍"。汉代的其他幻术技艺规模都较小，水平也较低。到了三国两晋南北朝时期，幻术有了很大发展，这很大程度上归功于西域杂技的传入。

种瓜术是幻术节目中的传统节目，它在西汉时期从西域传入，到三国时期已经传入吴国。干宝的《搜神记》中讲述：吴国有一个叫徐光的人，经常在街市中表演节目。节目内容是一仆人向主人要瓜，主人不给，仆人便就地种瓜。不久，长出了蔓，并开花结果，仆人将瓜送给观众。这是继承了汉朝的种瓜术发展而来的，为唐朝的种瓜术打下了基础。

"剑""丹"成术，与道家的炼丹术有密切关系，特别是与许逊这位被道教奉为许真君的人物的关系更甚。

许逊（239—374年），字敬之，东晋南昌（今属江西省）人，一说为汝南（今属河南省）人。青年时，许逊学道于吴猛，后举孝廉，曾任旌阳县（今属湖北省枝江市）令。据说政绩卓著，吏民悦服，人称许旌阳。

第七章　百戏杂技——族群交融中的技艺创新

晋室腐败，他预感到大乱将至，辞官东归，浪迹江湖，后归隐南昌西山学道。他首倡内丹修炼之说，并且以剑喻丹，传其著有《灵剑子》《灵剑子引导子午记》等书。他传道施医，成为道教重要人物。宋徽宗封其为"神功妙济真君"，故而他又被称为许真君。他在道教和气功文化史上有着重要地位，他也间接影响了杂技艺术"剑、丹、豆、环"系列的形成。

所谓"丹者石之精，故凡药物之精者曰丹"（《说文注》）。这个杂技系列就是受道家炼内丹的影响创造出来的。传说炼丹要在夜里对着月亮从丹田结珠，吐向月亮，待其饱吸月华之后再吸回来，因此，杂技变丹珠总是用嘴"过托"，即所谓"变丹不离口，变豆不离手"。

"豆"比丹略小，来源于战国的宜僚弄丸。此次杂技一般用两个碗、三个豆或五个豆来变，后世发展到五碗十豆，名目繁多，但仍透露着东方文化象形取意的本体特征。如"一粒下种""二龙戏珠""三仙归洞""五鸟归巢""松风灌耳""雪花盖顶""铜壶滴漏""山洞遁宝""隔河摆渡""莲花并蒂""穿心过肚""劈剖莲蓬""泰山压顶""易地结果""流星赶月""葫芦遁宝""合浦还珠""红豆相思"等，忽来忽去，随心所欲，变幻莫测。实际上"豆"的变化也体现着道家"一生二，二生三，三生万物"的哲学思想。

"环"更是东方哲学中求圆精神的反映，"得其环中，以应无穷"。环自古就作为祥瑞的象征，带有神秘色彩，故《瑞应图》中有言"黄帝时，西王母献白玉环"。《世本》《竹书纪年》均有舜时西王母来献白玉环的记载。战国时期的玉璧亦为环形，"用环简单地舞弄变化也不会晚于先秦"。《战国策》有"秦昭王尝遣使者遗君王后玉连环"的记载。"巧接连环"是古彩戏法，一般用玉连环，其中三个是单环，两个是双环，再有一个三环，还有一个有缺口的单环，一共九个环。一切变化皆从此缺口中生发，徒手操作，不藏不盖，深受中外杂技艺术家喜爱。

魏晋南北朝时期不少短命王朝的君主喜好杂技,其中有一位自己善演杂技的皇帝,那就是南朝齐东昏侯萧宝卷。他善演激烈威猛的杂技节目"白虎橦"。《南史·东昏侯纪》说他"日夜于后堂戏马,鼓噪为乐"。《南齐书》卷七载:"(东昏侯)躬事角抵,昂首翘肩,逞能橦木,观者如堵,曾无怍容。"他喜欢表演,自制杂色锦伎衣,缀以金花、玉镜、众宝,真是位有心的杂技艺术家,可惜身为末世君主,这一切成了他荒唐误国的劣行。鲜卑人出身的北齐历代君主皆好百戏杂技。北齐建立者文宣帝高洋善于登高历险,常于三台殿阁檐脊上奔走如飞。被称为"无忧天子"的北齐后主高纬,于武平年间(570—575年)大量征集民间百戏于宫中表演:"始齐武平中,有鱼龙烂漫、俳优、侏儒、山车、巨象、拔井、种瓜、杀马、剥驴等,奇怪异端,百有余物,名为百戏。"(《隋书·音乐志》)

第七章

百戏杂技——族群交融中的技艺创新

庙会与狮子舞

魏晋六朝之时,由于佛教在中国盛行,许许多多地方建筑了寺宇,仅洛阳一地就有佛寺几百所。佛寺之前的空地上常常举行庙会。在庙会上,一是做法事,扩大佛门的影响;二是大集会,买货卖货,并表演百戏。庙会的兴起为杂技和幻术的演出提供了新的、更方便的场地,对其发展起了促进作用;同时,杂技、幻术表演也为庙会和寺院招徕了更多的香客,产生了较大的经济效益。

我国狮子舞的形成受上古时期原始乐舞的影响,如当时"击石拊石,百兽率舞",就是模仿动物的形象舞蹈。但有关狮子舞的文字记载却是在汉代,魏晋时期较为盛行。

北朝杨衒之的《洛阳伽蓝记》一书就记载了当时庙会中舞狮子的盛况:洛阳长秋寺于每年四月初八浴佛节纪念释迦牟尼佛诞辰。在浴佛节时,由白象驮着一尊用金玉装饰起来的佛像游行,法相庄严,前面有狮子装扮的艺人开路,后面跟着长长的一队杂技艺人表演,有马技、吞刀吐火、顶彩竿、上大索等,"腾骧一时",四周观者如墙,以至"迭相践跃，常有死人"。

　　早期的狮子舞主要出现在庙会上，而且是很重要的表演项目，是佛门的重要乐舞。表演时，人扮成狮子，在脖子上挂一串铃铛，摇铃阵舞，十分雄壮。其实狮子主要生活在非洲及印度一带。雄狮有一头极威武、极好看的鬃毛，吼声可传数里，十分吓人，群兽闻之无不慑服。佛教取其能发大声震动世界的特点，借以比喻佛门之神威，所以讲究"狮子吼"。据《普曜经》记载，释迦牟尼佛初生时，"放大智光明，照十方世界""分手指天地，作师（狮）子吼声"。在《佛说太子瑞应本起经》中又说佛初生时，有五百只白狮子从雪山来，侍列门侧，故狮子乃为护法者。而释迦牟尼本人也被佛门喻为无畏的狮子，将其座席称为"狮子座"。我国古代的狮子舞深受佛教中这类经典和传说的影响。在庙会上表演的狮子的艺人，一般有两人，有时为数人。狮子舞不仅是绝好的杂技表演和娱乐项目，而且还是辟邪、吉祥的象征。

　　狮子舞至唐代更盛行，《新唐书·音乐志》称其为"五方狮子舞"。五方谓东、南、西、北和中央。因为五色为五方的标志，所以五头狮子各饰一种颜色，表演时色彩缤纷，格外醒目。演出时由一百多人组成的伎乐部伴唱《太平乐》，更增加了载歌载舞的欢庆气氛。后来这种娱乐因地域、习俗不同，又分为南狮子和北狮子，南狮子"采青"，北狮子"滚绣球""踏球"，各有不同的绝活。表演狮子舞的艺人合为一体，动作既协调，又生动逼真，显示了较高难度的群体技巧。这项杂技一直延续到今天，成为人们喜闻乐见的娱乐形式之一。

第七章　百戏杂技——族群交融中的技艺创新

鼎技与燕戏

鼎技，即为百戏杂技基本功中的"倒立"技艺，相当于今天杂技艺术中的"拿大顶"。由于人在倒立后足朝天，臂在下支撑全身的重量，呈上重下轻之态，故"拿大顶"又被称为"拿鼎"。而这一拿鼎的倒立平衡之技也就是人们所说的"鼎技"。三国两晋南北朝时期的鼎技，作为一种表演形式，既有专门表演的，也有掺在其他杂技、舞蹈、体育等节目中表演的。当时，最具特点的是一种与叠案结合起来表演的技艺——缘案。东晋葛洪《抱朴子内篇·辨问》就有"擿盘缘案"的描述。擿盘即七盘之戏，也就是"杯盘舞"。缘案就是《宋书·刘义恭传》所称的"升五案"，是指在叠置的五案之上表演鼎技。《太平御览》卷五六九引《梁元帝纂要》及《邺中记》均称之为"安息五案"。这种杂技实际上是从安息传入并于汉代广为流行的一种百戏杂技艺术。梁代称其为"五案橦伎"。后来为了轻便，艺人们又将桌子改为椅子，演变至今成为椅技表演。

在这一时期的鼎技中，还有被称为"跂行"和"掷倒伎"的技巧。"跂行"，"跂"通"蚑"，在这里指连续翻筋斗并用手来走路的一种杂技表演。《宋书·乐志一》曾出现"跂行"一词。嵇康《琴赋》云:"感天地以致和,况跂行之众类。"两晋初成公绥《天地赋》云:"蚑行蠕动,方聚类分,鳞殊族别,羽毛异群。"可见,跂行是艺人模仿动物而做的一种柔软的技艺表演。

至于"掷倒伎",《旧唐书·音乐志二》就记载说梁有"掷倒伎"的技艺,也就是一种翻筋斗的表演。如果是在桌上或桌子之间翻越表演,便称为"掷倒案伎"。实际上,这些都是鼎技与其他道具结合起来表演的一种杂技。

以倒立、缘案、跂行以及掷倒伎为代表的鼎技的发展,反映出这一时期表现腰腿功夫的杂技已达到一定的水平,这就为滚翻穿越等节目的出现和发展创造了条件。

燕戏,即秦汉时的"冲狭"。东晋葛洪《抱朴子内篇·辨问》有"逾锋投狭"之说。表演这一节目时,卷草为环,以矛或刀插入四边,艺伎以身投,从中跃过,胸膛挨近矛头或刀尖而不受伤,好像燕子从水面掠过而不沾湿羽毛,动作惊险优美。《宋书·刘义恭传》称其为"透狭";《宋书·乐志》称其为"筀儿";《南齐书·乐志》称其为"筀鼠"。后来,梁代的"透三峡伎"和唐代的"透飞梯""透剑门伎"都是由这类节目发展而来。今天杂技中的钻火圈也属于这一类。

第七章 百戏杂技——族群交融中的技艺创新

橦技与高絙

三国两晋南北朝时期的杂技艺术中，高空节目是较为丰富和具有特色的，而其中的"橦技"与"高絙"就是较具代表性的两类表演形式。

由于汉代打下的基础，至魏晋六朝时期橦技出现了不少新的表演形式。一种是"齿上橦"。《邺中记》一书记载："有额上缘橦，至上鸟飞，左回右转，又以橦著口齿上，亦如之。设马车，立木橦其车上，长二丈，橦头安横木，两伎儿各坐木一头，或鸟飞，或倒挂。"艺人将载有两人的橦竿，忽而移至头顶，忽而用齿咬住，表现出了力的健与美。另有一种新的表演形式是"肚上橦"。甘肃敦煌莫高窟保存着一幅描绘北魏时期橦技的壁画，上面绘着顶竿艺人，反弓手足撑地，其肚上顶着一个竿，在竿的顶端有一个小演员正在做着惊险的柔术动作。高空中的演员能完成如此高难度的表演，有些出乎现代人的想象，足以反映出当时橦技艺人的深厚功底和技术水平。

从表演形式看，这一时期的橦技比汉代有所增加。除了上面几种形式，淝水之战前的前秦境内还出现了"担橦"的技艺表演形式，即艺人用手臂担着橦木进行表演。担橦之人要有过人的体力及平衡的技巧,还需与橦上做动作的演员配合默契。东晋孝武帝于"太元中,苻坚败后,得关中担橦胡伎","担橦"之技由此传入东南。479年,刘宋相国萧道成逼禅,建南齐。南齐的宫廷杂技中有所谓"后堂杂技狡侩"。《南齐书》记载说,南朝齐东昏侯萧宝卷酷爱杂技,做皇帝外行,玩弄杂技却是个内行。白虎橦高七丈五尺,别人望而生畏,在他手中,摇曳转动,挥舞自如。他不但能用头、肩、额头、鼻子支撑高橦,甚至还能于齿上担之。

据记载,南朝还有竿上立竿、桌上顶竿,雷橦技、金轮橦技、猕猴橦技、啄木橦技等风行一时的众多竿技,可谓花样翻新。而这些"橦技"显然受胡人橦技的影响,应是当时南北方各族群杂技技艺交流的结果。

高縆是古代杂技高空节目中又一个吸引人的项目,是一种将绳索两端固定,由艺人在悬空的绳索上表演各种花样动作的杂技节目。《晋书·乐志》《宋书·乐志》均称其为"高縆",类似今天的走钢丝。两个演员在高空悬挂的粗绳上行走自如,做出各种舞蹈动作,在半空中相逢,则擦肩而过,非常惊险。这一表演的形式与汉代是一脉相承的。这一时期的表演,演技者还往往手执道具来保持平衡。

第七章 百戏杂技——族群交融中的技艺创新

手技耍弄

三国两晋南北朝时期的手技耍弄包括跳丸、跳剑及跳丸剑等形式。由其表现形式来看，这类项目是由秦汉时期同类项目发展、演化而来。至于其起源，或可追溯到东周。

"跳丸"即"弄丸"，又称"弄铃"，主要是将两个及两以上的圆球用手抛接耍弄，可分为单手和双手抛接。这一时期，跳丸与弄剑往往同时表演。艺伎将铃丸与小剑向空中掷耍，数目不一，抛接自如而无失手。史载曹植曾为邯郸淳表演"跳丸击剑"等戏。晋傅玄《正都赋》云："手戏绝倒，凌虚寄身。跳丸掷堀，飞剑舞轮。"这应该指的是铃、剑、轮相继抛接的连续表演。梁代的"跳铃技""跳剑技"一直流传到唐代，也都是这类节目。还有"吞剑技"，是用嘴帮助接剑，更为惊险（一说是将长剑吞入腹中再吐出）。

还有掷刀、剑技艺，类似现在的飞刀。在民间，喜爱投掷技艺的人也很多，且水平并不低于专业演员。《宋书》卷四八《朱龄石传》载："龄石少好武事，颇轻佻……使舅卧于听事一头，剪纸方一寸，帖着舅枕，自以刀子悬掷之，相去八九尺，百掷百中。"这就是一个很典型的例子。

从东周时期开始的跳丸、跳剑到两汉时与其他节目组合在一起形成复合式表演。这一时期的弄铃、掷刀技，手技耍弄不断发展。现在，跳弄的道具变得更多，大凡球、刀、盘、碗、盆、瓶、勺、帽等以及大小或重量适合抛接之物都可用作道具。手技已经成为人们十分喜爱的杂技艺术。

第七章 百戏杂技——族群交融中的技艺创新

扩展阅读　凤凰衔书

在托名班固等撰写的《汉武故事》中，有西王母命青鸟传书的动人传说。在我国远古时期的图腾崇拜中，对龙与凤最尊崇，并渐渐衍为用龙来形容男子极尊之人，用凤来形容女子极尊之人，成为皇帝、皇后的专用语之一。所以在东晋时期出现了由宫廷艺人编演的专门迎合帝王心理的杂技节目《凤凰含书》。

这项杂技在南北朝时也很流行。据《邺中记》记载，后赵武帝石虎与皇后坐在高高的楼上，用五色纸写下诏书，然后将诏书放入木制并有"五色漆画"的凤凰口中，"侍人放数丈绯绳，辘轳回转"，使木制的凤凰衔诏书从高空飞下，"谓之凤诏"。《南齐书·乐志》载有《凤凰衔书伎歌辞》，并评云："盖鱼龙之流也。"这是说它是从汉初鱼龙曼衍中发展演变出来的。据宋代孟元老《东京梦华录》"下赦"条记载，每逢宋室宣赦犯人之日，会于宣德楼前，立一高竿，竿尖有一大木盘，上有金鸡，口中含一幅上写"皇帝万岁"的红幡，盘底部有四条彩色绳索垂直而下，有四个杂技艺人缘索而上，先爬到竿顶者从金鸡口中取下红幡，众人山呼谢恩。"楼上以红绵索通门下一彩楼，上有金凤衔赦而下，至彩楼上，而通事舍人得赦宣读"。然后鼓乐大作，开枷去锁，释放犯人，以示皇帝之恩威。

《凤凰含书》是一种带有机关布景的大型杂技，它没有特别高难的杂技动作，但凭机关巧妙能使凤凰上下自如飞动，然后派人从其口中取出事先写好的文书，取个吉利或显示皇帝的恩惠。

第七章 百戏杂技——族群交融中的技艺创新

第八章

笔墨酣畅——魏晋南北朝的书画艺术

魏晋南北朝时期是中国绘画和各类书体成熟的阶段。这一时期，楷书、行书、草书等十分盛行，众多的书画家风格各异，取得了空前的艺术成就。

书法成为独立艺术

汉魏时期,通行的隶书在发展到高度程式化的顶峰时开始走向衰落。楷书作为一种新体在汉魏书家的逐步探索,特别是钟繇所创楷法的影响下,正走上取代隶书的历程;在由隶书的简易化而发展起来的章草日益兴盛时,今草在楷体兴起的激励下已露出取代章草的端倪;行书则在楷书、草书两种势力的影响下积累孕育。它们都为中国书法艺术在晋代大放异彩储备了内在的条件。

东汉和帝(89—105年在位)时,蔡伦改进了造纸术,用树皮、破布、废网等造纸,纸质坚韧,造价便宜,为纸的普遍使用、为书法练习和传播提供了便利条件。东晋王羲之书写《兰亭集序》时,用的是"蚕茧纸、鼠须笔",可见纸在晋代发展更快,而书写用笔也越发讲究,在兔毫笔、羊青毛笔之外,还有劲健的鼠须笔、鸡距笔。紧洁光丽的纸,饱满柔健的笔,色如点漆的墨,质地精良的砚,都为促进书法发展提供了有利条件。

魏晋之际,玄、道、佛思想广泛流行,为书法艺术的创作提供了多样化的文化背景。魏晋玄学兴起，崇尚清谈，文风放达，直接影响了当时士大夫们的思想情趣。

表现在书法上，便是文人开始大胆追求超逸潇洒的艺术风格，这为行书的自由挥洒、丰神潇洒，草书的遒润多波、信手万变、痛快淋漓、一气呵成，储备了心理条件。战乱频繁、百姓颠沛流离的社会背景，为佛学的传入和流行提供了适宜的土壤。也因此引起了开窟造像、凿石刻经、建寺立碑之风的盛行，这在客观上对书法的普及和发展起了促进作用。

魏晋时期，书法理论也很盛行，品藻风气在书法领域一浪紧接一浪，不断由表及里，探及书法本体的核心。这也是促进书法艺术繁荣发展的原因。

这时层出不穷的书法家作为书法艺术的主体，在代代传承、代代创新的艺术积累中，最终使中国的书法在晋代成为一种独立艺术。

晋代，楷书经王羲之的改进最终独立成新书体，又经王献之的创新发展成熟；王羲之创作天下第一行书《兰亭集序》，使行书成为士大夫阶层中最流行的书体；王献之又将其父王羲之的草书由"破体"发展为"一笔书"，使今草由此定型；行草介于行书和草书之间，也得到深入的发展。

晋代书法是中国古代文明史上光辉灿烂的一页。此时的书法名品很多，成为后人的楷模，著名的书法家有近二百人，对后世产生了深远影响。

第八章　笔墨酣畅——魏晋南北朝的书画艺术

毛笔的制作对书法的影响

三国魏时，书法家韦诞以制墨闻名，他还擅长制笔。北魏贾思勰《齐民要术》中载有韦诞制笔的方法：以兔毫与青羊毛相杂。这种兼毫笔刚柔相济，软硬适中，深得人们的喜爱。传其所作《笔经》一书，对制笔之法介绍极为详尽，制笔之法为："桀者居前，毳（短毛之意）者居后，强者为刃，耎者为辅。参之以苘（似麻的纤维），束之以管，固以漆液，泽以海藻。濡墨而试，直中绳，勾中钩，方圆中规矩，终日握而不败，故曰笔妙。"由此可以看出，韦诞制笔善于取用几种不同的兽毛，以硬毫为柱，柔毫为被，健者为心，软者为副。在毫料的运用上，多以鹿毫为柱，羊毫为被。这一制笔方法已成为我国传统制笔法之一。

魏至晋时，制笔趋于大而锋毫饱满，不仅有硬毫笔、软毫和硬毫相杂的兼毫笔，而且软毫笔也名扬当时。书法家可根据自己擅长的书体、用笔的爱好和艺术实践，选择刚柔不同性能的书写工具，创造各种风格的书法艺术。

晋时制笔，基本沿袭旧法，毫料多推崇兔毫。兔毫笔为当时人们普遍喜爱的佳笔。晋傅玄《笔赋》云:"简修毫之奇兔,选珍皮之上翰。濯之以清水,芬之以幽兰。嘉竹翠色,彤管含丹。于是班匠竭巧,名工逞术。缠以素枲,纳以玄漆。尔乃染芳松之淳烟兮,写文象于纨素。动应手而从心,焕光流而星布。"从这里可以看出当时制笔选料的严格、工匠制笔技艺的高超。一支得心应手、称心如意的佳笔来之不易。另外,传东晋书法家卫夫人《笔阵图》云:"笔要取崇山绝仞中兔毫,八九月收之,其笔头长一寸,管长五寸,锋齐腰强者。"可见,当时书法家对笔的要求之高,从毫料的选择到笔头、笔杆的长度及成笔的质量都有了一定的标准。

鼠须笔也深受书法家的青睐。南朝宋刘义庆编《世说新语》中说:"王羲之得笔法于白云先生(注:东晋穆帝时人,生卒年不详),先生遗之鼠须笔。"王羲之所书的《兰亭集序》,就是用锋强毫锐的鼠须笔书写而成,其书遒媚劲健、飘逸自然,为历代所宝。故后人素以鼠须笔为重。唐书法家张彦远《法书要录》中载有王羲之写《兰亭集序》以"鼠须笔,遒媚劲健,绝代无比"。相传,王羲之曾同笔工韦昶切磋,试制鼠须笔,韦昶所制之笔被人称为"绝世佳笔"。现在,这种鼠须笔的制作方法早已失传,当时是真用老鼠须还是松鼠之类的胡须,不得而知。今天文具店也多出售鼠须笔,实际上多为兔毫所制。据说,曾经有人以重金在粤东购得鼠须,制作成笔后试书,和紫毫笔无别。看来,鼠须笔是一种须毛弹性强、笔毫健的笔,物以稀为贵,鼠须笔大概就是如此。

另外,其他稀有毫料的毛笔也多有涌现。鹿毛笔在东晋时也颇受书法家欢迎。唐段公路《北户录》中载:"鹿毛笔,晋张华尝用之,不下兔毫。"鹿毫笔其性能和紫毫相仿,然较为罕见,不及兔毫普遍。当时有人误以人须制笔,写字甚佳。刘恂《岭南异物志》中说:"岭外既无兔,有郡牧得兔毫,令匠人作。匠既醉,因失之,惶惧,乃以己须制。"没想到以人须制成的笔却异常好用,笔匠坦白以自己胡须所制,于是太守下

第八章 笔墨酣畅——魏晋南北朝的书画艺术

令每户加人须税，无者按笔价纳金。至此人须制笔流传后世。另载："岭外尤少兔，人多以杂雉毛作笔，亦妙。"这种鸡毛笔，其性较软，很少用及。晋张华的《博物志》中载，"有兽缘木，绿文似豹，名虎仆。毛可为笔"，故名为"虎仆笔"。总之魏晋时，制笔的原料不像汉时那样单一，而且取料广泛，毫毛多变，性能各异，各有千秋，为书法家提供了丰富的选择。

晋时，除制笔工艺较前进步、种类多外，记载制笔的著录也随之问世。晋张华的《博物志》中对笔的制作多有论及。晋武帝曾以辽西国所献名笔"麟角笔管"赐予名士张华，以示褒奖。

南北朝时，仍然使用可以退下头的毛笔。这种易头而不换管的方法世称为"退笔"。唐何延人《兰亭记》中载，南朝书法家智永，为王羲之七世孙，"常居永欣寺阁上临书，所退笔头置之于大竹簏，簏受一石余，而五簏皆满。"然后，他把废笔头埋入地下，做个坟墓，称为"退笔冢"。当时民间制笔相当普遍。《江南府志》载："南朝有姥善作笔，萧子云常书用，笔心用胎发。"这是我国妇女制笔和以小儿胎发为制笔原料的最早记录。唐时诗人僧齐己有"内唯胎发外秋毫，绿玉新栽管束牢"的诗句，也说明了以胎发为柱、兔毫为被制作毛笔的方法。

当时统治者的笔仍以贵重形美为佳。南朝梁元帝工书善画能诗，时有"三绝"之称。孙光宪《北梦琐言》中载："梁元帝为湘东王时……笔有三品，或以金银雕饰，或用斑竹为管。"据说，他用不同的笔来记载人物：忠孝两全的人，使用金管笔书写之；德行精粹的人，使用银管笔书写之；文章瞻逸的人，使用斑竹管笔书写之。一些非常名贵的笔杆仅可供观赏而不便使用。

纵观魏晋南北朝各个时期，作为书写工具的笔，在数量和质量上都得以改进，远远超过汉代，从而为这一时期书法家发挥其艺术才能、创造独具魅力的书风提供了极大的便利条件，有力地促进了各类书体的成熟和发展。这一时期涌现出了大批卓有成就的书法大家，他们以独特的风貌名震当时，影响后世。钟繇的隶书、楷书，结体朴茂，出乎自然；皇象章草，笔势沉着，纵横自然；卫夫人正书，妙传其法，为人宗尚；王羲之正书、行书，字势遒劲，诸多变化；王献之行书、草书，英俊豪迈，饶有气势；智永和尚，精研书艺，影响初唐……大批书法家的涌现，促进了这一时期书法艺术的突飞猛进，使这一时期成为我国书法艺术发展的重要阶段。

知识链接

狼毫笔

笔头取黄鼠狼身上和尾巴上的毛制成。以东北产的狼毫最好，称"北狼毫""关东辽尾"。狼毫属硬毫，比兔毫稍显柔软，比羊毫质地挺拔，宜书宜画，但不如羊毫笔耐用，价格也比羊毫贵。常见的有兰竹、写意、山水、花卉、叶筋、衣纹、红豆等品类。

书法字体革新的代表：钟繇

楷、行书体在东汉后期已萌芽并发展起来，在三国两晋时期，成为日常通行的手写体。近代以来，考古发掘出土的简牍、残纸，如湖南长沙走马楼三国吴简、新疆楼兰魏晋至十六国时期的残纸，都反映了当时楷、行书体的发展面貌。典型楷、行书体的点画、结构都已成型。

曹魏时期，钟繇是早期专注于这两种新书体的代表性书法家。

钟繇（151—230年），字元常，颍川长社（今河南省长葛市）人。钟繇能写很多种书体，以隶、楷最为精妙。汉末，刘德升已经开始关注民间日常手写体流行的楷、行书，钟繇和胡昭均师法于刘，但是钟繇在艺术上却有所改进和突破。从书法发展上讲，钟繇的书法尤其是楷书对后世的影响极大，被后人誉为楷书之祖，又与东晋的王羲之并称"钟王"。史书记载，钟繇的手书《宣示表》在西晋末年为王导收藏，王导在战乱中将其藏在衣带中渡江南逃，并传给了王羲之，王羲之又传给了王献之，王献之又传给羊欣……凡二十余人，得笔法者皆成大家。由此可见，就楷法而言，钟繇的影响在王羲之之上。而且，当时王、谢子孙学习书法都以钟法为圭臬。其后张旭、怀素、颜真卿、黄庭坚等在书体创作上也都吸收了钟体之长、钟论之要。

钟繇的传世作品就风格而言有两部比较可信。其中一部是三国魏黄初二年（221年）上表魏文帝的奏章，先后被唐、宋、清等朝内宫及民间鉴赏家收藏，不幸于八国联军入侵时被一个英国水兵掠得，后被霍丘裴景福以重金购得，不料又被人盗去，盗者怕被人发现，将其藏在土中，从此不见了踪迹。现在我们所见到的墨迹是根据照片影印的，虽为小楷，但笔画清楚，笔法意态历历在目。其笔法已化方为圆，八面沉稳，字形略扁，结构严密而出之自然，所以被后世推崇为"神品""天下第一妙迹"。

此外，钟繇的楷、行书风格对魏晋时期的日常官方文书手写体也产生了影响。当时，钟繇的外孙荀勖任秘书监长官，将钟繇、胡昭的楷、行书作为学习的范本，官方日常文书的书写字体的风格用钟、胡之书体，对下层民众起了示范作用，影响重大。

总之，钟繇在中国书法史上占有相当重要的地位，对于汉字书法的创立、发展、流变都影响巨大。

天下第一行书：《兰亭集序》

草书和楷书都是从隶书发展而来的。草书提高了书写速度，却增加了辨认的难度；楷书字体规范便于辨认，却很难提高书写速度。在这种情况下，便出现了一种介于草书和楷书之间的字体——行书。

草书如奔跑，楷书似站立，行书若行走。行书的书写速度介于草、楷之间。其运笔既不像草书那样自由奔放，也不像楷书那样严谨、规矩，而是游丝牵连、笔画不断、节奏明快、生动活泼。其结构既不像草书那样舒展放纵、不拘一格，也不像楷书那样字字独立、方方正正，而是删繁就简、破方就圆。

晋代上自皇室贵族下至平民百姓，几乎无人不好书法，卫氏、索氏、陆氏、郗氏、庾氏、谢氏、王氏等望族更是名家辈出。书法在晋代发展成为一门成熟的艺术，晋字也因此与唐诗、宋词等并列为中国艺术史上的丰碑。

成于东汉末年的行书，在魏晋以后得到了长足的发展，其成就最高者当属"书圣"王羲之。

王羲之（321—379年或303—361年），出身于两晋琅琊的望族王氏，曾官至东晋的右军将军、会稽内史，故后人称其为"王右军"。他十二岁时父亲即传授其笔法论，"语以大纲，即有所悟"；又师从卫夫人，后渡江北游，遍访名山，博采众长。他精研草书和楷书，草书师法张芝，正书得神于钟繇，技法上融会魏晋名家之长，神韵上凝聚魏晋玄学之妙，张扬意趣，自成一家，将外在的规则内化为心灵的需要，达到了一种法无定法的艺术境界。其行书在当时独树一帜，"右军字体，古法一变。其雄秀之气，出于天然，故古今以为师法"，达到了"贵越群品，古今莫二"的艺术高度。

古人每年三月初三要到水边游玩，以求消除灾凶，称为修禊。东晋永和九年（353年）的三月三日，王羲之与名士孙统、孙绰、谢安、支遁等四十一人在会稽山阴的兰亭（今浙江省绍兴市西南兰渚）行修禊之礼。朋友们置身茂林修竹之中，曲水流觞，赋诗抒怀，即兴写下了三十七首诗，结为《兰亭集》，推举王羲之为此集作序。此时的王羲之身处惠风和畅的自然山水间，正酒酣耳热之际，文思泉涌，逸兴大发，自然之美与人情之畅绝妙地交融在一起，于是一气呵成，书就《兰亭集序》，又称《兰亭序》。

《兰亭集序》的章法、结构、笔法相当成熟圆润，纸隙墨缝间散发出丰裕的艺术美韵。用笔遒媚矫健，融合了篆书、隶书、草书的章法，中锋起转提按，线条如行云流水。凡三百二十四字，每一字都被王羲之赋予一个鲜活的生命，筋骨毕现，血肉丰满，且展现出不同的精神和风仪，或坐或卧，或行或走，或舞或歌，恍若群贤毕至，相携对酌，神态飘逸，气韵横生。王羲之的智慧不仅表现在字体结构的变化多端，更突出地表现在重字的结构上，二十多个"之"字竟无一雷同，各具风貌神采。在通篇布局上，以纵行为中心，文字参差相间，错落有致，但又字字相关，不离不

第八章 笔墨酣畅——魏晋南北朝的书画艺术

散,字里行间流淌着音乐般的韵律。黄庭坚称"《兰亭序》草,王右军平生得意书也,反复观之,略无一字一笔,不可人意"。明代画家董其昌在《画禅室随笔》中写道:"右军《兰亭序》,章法为古今第一,其字皆映带而生,或小或大,随手所如,皆入法则,所以为神品也。"从文学的角度赏析,《兰亭集序》文字优美恬淡,情感旷达闲逸,是一篇千古佳作;从书法的角度欣赏,其体现出了笔与意、骨与肉、形与神、刚与柔均衡中和的古典美学之理想范式。因此,《兰亭集序》被誉为"法帖之冠",被各代书法家悉心钻研,尊为"天下第一行书"。

精美的艺术形式来自特立独行的精神。《兰亭集序》的成功绝非偶然。魏晋人在精神追求上与汉代人有很大不同。汉代对士人的要求重在道德、操守、儒学和气节等方面,但到晋代,人们关注的是才情、气质、风貌和格调,从重视恪守道德规范转变为重视个人的内心感受,致使脱俗超尘的气质风度与率真任性的行为方式成为士人的理想追求。王羲之为人坦率,不拘礼俗,犹喜清静,被时人形容为"飘如游云,矫若惊龙",是具有魏晋风度、玄学底蕴的名士。而旷达的性格造就了他书法的雄浑气象、自然意态,落实到《兰亭集序》中,就表现出一种天人合一的自由境界,散发出自然飘逸、洒脱简洁的气质品性,还渗透出一股不凝滞于物的心灵感应和艺术功力。这几项合而为一,才酿泉为酒,孕育出如此美轮美奂、芳香四溢的艺术极品。

《兰亭集序》写成后,王羲之自己也十分得意,后来又写过十余遍,都达不到当时所作的神妙精美之境。这幅行书遂成王家的家传之宝,传到七世孙智永禅师时,他还专门修造了贮藏《兰亭集序》的阁楼。智永临终时传给弟子辩才,辩才将其藏于房梁之上。这时已是唐初,唐太宗李世民酷爱王羲之的书法,不惜派人重金购募王氏真迹。御史萧翼装扮成一个穷书生骗得了辩才的信任,盗走了《兰亭集序》。唐太宗得到《兰亭集序》

后，敕令弘文馆的书法高手冯承素、赵模等人精心复制一些摹本，赐给皇族和宠臣，而当时这种"下真迹一等"的摹本亦"洛阳纸贵"。此外，还有欧阳询、褚遂良、虞世南等名家的临本传世。唐太宗还亲自为《晋书》撰写《王羲之传论》，对王羲之的书法推崇备至："所以详察古今，研精篆素，尽善尽美，其惟王逸少乎！"唐太宗将王羲之的书法艺术推到了一个前无古人、后无来者的高度。据传，唐太宗临终时，遗命将《兰亭集序》真迹殉葬，《兰亭集序》真迹从此沉埋地下，永绝于世。今天我们看到的《兰亭集序》公认的最好摹本是冯承素所书，其卷首有唐中宗李显神龙年号小印，又称"神龙本"，现藏于故宫博物院。

王羲之的书法刻本还有《乐毅论》《黄庭经》《东方朔画赞》等楷书作品，都在中国古代书法史上占有重要地位。他的行草书传世墨宝有《寒切帖》《姨母帖》《初月帖》等十余种。这些墨宝虽然是唐人双勾廓填摹本，但也都不失为难得的珍品。他的行书《快雪时晴帖》只有二十四个字，被清乾隆皇帝列为"三希帖"之首。与两汉、西晋相比，王羲之书风最明显的特征是用笔细腻、结构多变，其最大的成就在于增损古法，变汉魏质朴书风为笔法精致之书体。草书秾纤折中，正书势巧形密，行书遒劲自然，他将汉字书写从日常实用引入一种注重技法、讲究情趣的精神境界。后来的书法家几乎没有不临摹王羲之法帖的，故而王羲之有"书圣"的美誉。

风格迥异的"北碑"

北朝书法是独立于南朝书法的另一体系。南朝盛行"帖",而北朝,由于宗教盛行,石窟造像繁多,加之北朝无碑禁之令,所以封建贵族沿袭着汉代的树碑立传之风,涌现出了大批碑像。这些碑像内容多为严肃的文字,书写多用隶书、楷书,自然而又端正严谨,所以在同一时期,中国书法史上出现了"北碑南帖"的现象。

北碑以北魏时期最为丰富,艺术成就也最高,故常以"魏碑"概称北碑。

北碑风格各异,但可划归为两大基本类型——着意型和随意型。

属于着意型的碑刻,其书者具有良好的基本功,如有统贯全体的笔法、结体规则等,一般是出于享有盛名的民间书法家之手,有的还出于当时著名的士大夫文人书法家之手。因士大夫书法家所书碑志非同一般庶民,所以对刻工更为讲究。而且与之相匹配的也有一批刻技娴熟、被推崇为高手的刻工为其服务。

另一类是随意型的碑刻书法,一般为民间能书者作。由于这些作者没有良好的基础，加以刻字过程中也会有一些发挥，所以能在随意中出天趣，胆大不拘、变化多端。这与着意型碑刻书法流露出的理性意味相比，又是另一种美。

北碑书法独立于"二王"的光环之外，直接取法于汉魏书，创造出丰富多彩的书法风格。若将其归纳起来，可得出六大类别：端正娴雅、方劲朴实、奇逸洒脱、雄浑博大、率朴酣畅、奇丽遒劲。

端正娴雅。因北魏作品绝大部分为墓志，且出自洛阳地区，所以端正娴雅是北碑中洛阳作品所具有的主流风格，甚至可以说这就是"洛阳风格"。

方劲朴实。以《龙门二十品》为代表，指刻在洛阳城南龙门石窟中的二十则造像记，是龙门石窟中最著名的书法代表作品。最为端正的有四个，其中一个是阳刻，剩下的三个是阴刻。这些碑刻字的结体、点画形态十分接近，是纯熟的刀法使相同的点画呈现出一致的形态，这应是由于运刀的成法在一定程度上改变了书丹效果。这一部分作品比较程式化，因为以刀加工的成分较为突出。

奇逸洒脱。其中的代表作品为王远所书，在陕西褒城县石门东壁，与汉代著名的隶书摩崖刻石相邻。虽然王远的作品书体已变，但其体势、情调仍有汉隶摩崖刻石的逸韵，使得它在众多北碑中地位独特。他为真书，点画瘦劲相似，但更善于"拉长线"似的用笔，有着自己独特的风神，即奇逸洒脱，其气度和意韵内涵远在汉隶之上。

雄浑博大。洛阳有一些出土的墓志，文字典雅匀称，用笔方圆相间、温和娴雅。有的作品精美绝伦，作者书艺极高，结体严谨却又能轻松飘逸，仪态万千又能调和统一。另有作品字虽不大，却有摩崖大字的气概风采，还有的作品则是笔画强劲，富有韧性，神采飞扬。

率朴酣畅。这类风格多在造像题记中出现，有的是草书，书丹马虎刻就，有的刻意模仿书写形态，但未经书丹，所以很难准确地把握其位置和形态，也因此造成了生硬笨拙之态。若从艺术欣赏角度看，这些作品显得天真意趣，对我们今天在书法风格、境界上的追求有很高的启示价值。

奇丽遒劲。这类风格多为刻经，突出表现在北魏、北周摩崖大字作品中，并且除了冈山的刻经和题记外，应当全部出自一人之手。其显著特点为字形巨大、古朴。所谓古朴，表现在结体上天真烂漫、藏巧于拙，尤其是在隶、真之间，或杂篆书偏旁结构，却能统一和谐为整体，并且结体宽松疏朗；表现在用笔上，则篆、隶、真法相融，而且以圆浑为本。因此，字与山岳之势浑融为一体，雄伟壮观。

北碑表现出粗犷质朴、天姿纵横的风貌，是中国书法史上的又一审美经典，与南帖潇洒流丽、蕴藉含蓄之风形成对比。其楷书定式，为唐代书法的辉煌奠定了基础。至此，中国书法在书体演变、风格确立和理论体系形成诸方面都已经成熟，竖起了一座为后世所景仰的丰碑。

孙吴碑刻异军突起

东汉末年，隶书的发展已登峰造极，挑脚潇洒自然，形态精美多姿，但为强调波挑的装饰性，书写程式化，使得挑脚变得齐整，波势渐趋方直，起笔追求方截，走进千篇一律、难以创新的死胡同。

到了魏晋，这种定型化的隶书更是穷途末路，江河日下，消亡渐成必然的趋势。

汉魏之际，隶书的衰颓使得碑刻隶书也走向下坡路，虽书体方正，气势庄严，但缺少生趣，书风雷同，艺术魅力大减。

此时，江南碑刻却异军突起，在这颓废的局面中现出异彩。这就是孙吴的《天发神谶碑》《禅国山碑》和《谷朗碑》。

中国画论兴起

魏晋南北朝时期，绘画艺术高度发展并呈现出全面繁荣的景象，与此同时，总结和探索绘画艺术的理论——画论兴起并得以迅速发展。高度发达的画论成了魏晋南北朝时期艺术进入自觉时代的标志之一。据画史文献记载，这一时期的绘画创作活动十分兴盛，画家众多，最著名的如顾恺之、陆探微、张僧繇等。许多帝王也潜心创作，如南朝宋明帝、南朝梁元帝等。这些创作实践无疑是画论兴起的一大重要因素。魏晋玄学的流行，佛、道二教的迅速繁盛，促使人们的思维方式发生变化，进而深入地探索艺术本体。佛寺壁画和塑像带来的域外艺术的某些气息也引发了人们对艺术创作技巧的深入思考。东晋的顾恺之是位杰出的人物画画家，在创作上他擅长描绘人物的神情和气质风度，其流传下来的画论著作有《魏晋名臣画赞》《论画》《画云台山记》三篇，核心思想就是以形写神。他认为描绘人物，不仅要求形象真实，而且要传达人物的性格神态和内心活动，强调通过对人物的关键部位如眼睛等的描绘，取神、写神，人物神情特征才能令人激赏。顾恺之特别重视主体与客体之间的悟对交融，认为"悟对通

第八章　笔墨酣畅——魏晋南北朝的书画艺术

神"才能"迁想妙得",只有透彻地了解、熟悉客体的性情心理,才能把握瞬间精神和心理的微妙变化。顾恺之强调的是人物形神论,南朝宋的宗炳和王微则着重讨论山水画中的形神问题。

宗炳(375—443年),南朝宋画家。字少文,河南涅阳(今河南省邓州市一带)人,一生未仕,善书画,好游名山大川。《画山水序》是他流传下来的画论著作。他认为圣人和山水都能体现"道"。怀道的圣人能适应万物的变化,通过物象来阐明抽象的道;有质有灵的山水是物象的一种,所以也能体现道。大自然能给人以畅神的美感享受,山水画表现的自然美给人的审美感受正在于畅神。在中国美术史上,他还是第一个明确提出了山水画的观察方式和透视原理的人。这一创造性的摹写方法对处理山水画的空间关系具有划时代的意义。王微的《叙画》除强调山水有形有灵以外,更重视其"怡悦情性"的作用。

南朝的齐谢赫对前人的理论成就加以总结和综合,系统地提出了绘画的品评原则——六法论,将气韵生动排在六法之首。气韵即为神韵,气韵生动的主旨在于生动地表现对象的气质品格和精神内蕴。通过这些画论可以明显地看出,魏晋南北朝时期以神写形和重视气韵的理论已成为中国画的主导精神,在后世的理论及创作中被长期继承。很显然,其理论源头可追溯至老庄。可以肯定,在魏晋流行的玄学思潮影响下形成的"悟对通神""迁想妙得"的思想与佛、道二教思想不无相通。南朝陈姚最的《续画品录》中所提出的"心师造化"的思想与佛教理论并无二致。毫无疑问,画论的兴起和成熟是魏晋南北朝时期多种因素的合力造就的。魏晋南北朝画论的兴起标志着中国画的主导精神开始形成,谢赫开启了中国品评体美术史之先河,所有这些都直接影响着后世中国画的理论和创作。

古代中国画的分科

唐代张彦远在《历代名画记》中将中国画分为六门,即人物、屋宇、山水、鞍马、鬼神、花鸟。北宋的《宣和画谱》将中国画分为十门,即道释、人物、宫室、番族、龙鱼、山水、畜兽、花鸟、墨竹、果蔬。南宋邓椿的《画继》中将中国画分为八类(门),即仙佛鬼神、人物传写、山水林石、花竹翎毛、畜兽虫鱼、屋木舟车、蔬果药草、小景杂画等。元代有"画家十三科",但内容相当庞杂,作为分类标准不适宜。

顾恺之及其艺术成就

顾恺之（约348—409年）是东晋绘画的卓越代表人物，也是我国历史上著名的大画家、早期的绘画理论家，字长康，小名虎头，晋陵无锡（今属江苏省）人。他出身士族高门，少年时便当上了大将军桓温的参军，后任通直散骑常侍。

顾恺之多才多艺，名声很大，当时有"画绝、才绝、痴绝"的"三绝"之称。在绘画上，他总结了汉魏以来民间和士大夫的绘画经验，把传统绘画向前推进了一大步。顾恺之善画肖像，亦工山水，他认为绘画妙在传神，要以形写神，有"传神写照，尽在阿睹中"的妙语。

青年时期，他为江宁瓦官寺作维摩诘像壁画，当众为画像点睛，三日间便为寺院募得百万钱，此事轰动一时。他为裴楷画像，在颊上添上三毫，就使画像神采奕奕；画谢鲲则以岩壑为背景，因谢鲲好游山玩水，故借此表现其志趣风度。

唐代书画讨论家张怀瓘在《画断》中说："像人之美，张（僧繇）得其肉，陆（探微）得其骨，顾（恺之）得其神，以顾为最。"一语奠定了顾恺之在绘画史上的地位。顾恺之本人在其《论画》里也说,画"手挥五弦"固然不易,但画"目送飞鸿"更难。此语正体现了他对神形兼具的追求,这一点对后来的中国画创作和绘画美学思想的发展有很大的影响。

顾恺之的绘画题材涉及道释、人物、山水、禽鸟,无所不包,有文献记载的不下六七十件,但真迹均已失传。从流传至今的被认为是顾恺之原作摹本的《女史箴图》《洛神赋图》《列女仁智图》中可以看出顾恺之艺术的风格和神韵。

《女史箴图》(传为唐摹本)是依据西晋张华的文学作品《女史箴》而画,从"班婕有辞,割欢同辇"起,至"女史司箴,敢告庶姬"止,共分九段。内容是教育宫中妇女如何为人的一些封建道德规范,但图卷中出现的是一系列动人的妇女形象,有冯婕妤奋起驱熊的矫健,有班婕妤婉言辞辇的端庄,有宫女日常梳妆的妩媚。画中的人物"笔彩生动,鬓发秀润",衣带迎风飘举,仪容典雅自然。其创造绘画形象的主要特征是注重用线造型,以连绵不断、悠缓舒展的形式体现出节奏感,用笔的力度不大,如"春蚕吐丝"一样。顾恺之已将战国以来的"高古游丝描"发展到了完美无缺的境地。

《列女仁智图》(宋摹本)同样表现了传统题材,全卷原分十五段,现存"楚武邓曼""卫灵公妻""孙叔敖母"等八段,画后题赞。该画卷的布局方式与形象特征与《女史箴图》相近。虽沿用自汉以来的传统题材,但在情节的表现上则注意以人物的动态来处理相互之间的关系。

《洛神赋图》(宋摹本)是依据诗人曹植的文学创作而画成的,反映了顾恺之创作题材的扩大。绘画以故事的发展为线索,分段将人物及情节置于自然山川的环境中展开描绘。画中的洛神含情脉脉,若往若还,表达出一种可望而不可即的惆怅情意,体现了顾恺之概括为"悟对通神"的艺术主张。

第八章 笔墨酣畅——魏晋南北朝的书画艺术

后人对顾恺之的画法和风格论述颇多。唐人张彦远在《历代名画记》中说:"顾恺之之迹,紧劲联绵,循环超忽,调格逸易,风趋电疾。"元人汤垕在《画鉴》中形容顾恺之用笔"如春云浮空,流水行地","傅染人物容貌,以浓色微加点缀,不求晕(藻)饰"。他在画法上师承卫协精细一体,开创后世"密体"一派,表现了魏晋绘画艺术的时代特征。顾恺之著有《论画》《魏晋胜流画赞》《画云台山记》,其中"迁想妙得""以形写神"等论点对中国画的发展有很大影响。他的绘画理论和创作实践使其成为魏晋南北朝绘画艺术的最高成就者。

点睛之笔动寰宇：张僧繇

张僧繇是南朝萧梁时期绘画成就最大的画家。张僧繇擅长作人物故事画及宗教画，所绘佛像自成样式，被称为"张家样"，为雕塑者所摹仿，后人将其画法与唐吴道子并称为"疏体"。

张僧繇是吴中（今属江苏省苏州市）人，一说为吴兴（今属浙江省湖州市）人，生卒年不详。梁武帝天监（502—519年）中，张僧繇为武陵王国侍郎、直秘阁知画事，后来又担任右军将军、吴兴太守。

张僧繇的绘画艺术是在继承传统艺术和借鉴外来形式的基础上发展起来的。他善于吸收传统艺术的优点，融合后形成自己的风格。此外，他还善于向其他艺术门类借鉴，如他的"点、曳、斫、拂"四种基本技法，是从卫夫人的《笔阵图》中得到的启发，是书法艺术在绘画艺术上的创造性运用。张僧繇善于接受外来艺术形象。从他的画题里可以看到胡僧、番奴的形象，例如《扫象图》和《天竺二胡僧图》。这不仅表明他与外域使者的往来频繁而且意味着他还通过他们来丰富佛教绘画艺术形象的创造。

张僧繇在艺术修养上有扎实的基础，他最主要的艺术成就在于他创

第八章　笔墨酣畅——魏晋南北朝的书画艺术

造了独具风格的疏体画法,突破了以顾恺之、陆探微的密体画法为唯一技法的局面。疏体的形成我国绘画艺术奠定了疏与密两种表现手法并存的基石。

　　传说,张僧繇的绘画大多入神,甚至具有灵性。关于他的名画《天竺二胡僧图》就有一个故事:南朝萧梁王朝,侯景举兵叛乱,在战乱中《天竺二胡僧图》被撕成两节,两僧像被拆散。其中一个胡僧像被唐朝右常侍陆坚收藏。不久陆坚病重,梦见一个胡僧告诉他:"我有个同伴,离散了多年,他现在洛阳李家,你要是能找到他,把我俩放在一起,我们就会用佛门法力来帮助你。"后来,在洛阳李家果然找到了另外半幅画,李坚买下了另一个胡僧的画像,并把两个胡僧重新拼接在一起。没过多久,陆坚的病果然痊愈了。

　　在江陵天皇寺,齐明帝命张僧繇画佛像。他在殿内画卢舍那佛和孔子等十人,明帝责问:"佛门怎有孔子?"张氏说:"以后还须孔圣人。"果然,周世宗柴荣灭佛,天下寺宇多毁,天皇寺因孔子像而免于劫难。

　　张僧繇创造了不用轮廓线的"没骨"法,全用色彩画成,改变了顾恺之和陆探微以来流行的瘦削型的人物形象,创造出比较丰腴的人物典型。张僧繇的"疏体"画法到了隋唐时期才兴盛起来。后人论其作画用笔多依书法,点曳斫拂,如钩戟利剑,点画时有缺落而形象具备。

　　张僧繇的作品有《二十八宿神形图》《梁武帝像》《汉武射蛟图》《吴王格武图》《行道天王图》《清溪宫水怪图》《摩纳仙人图》《醉僧图》等。这些都已无真迹流传,多为摹本,其中以唐代梁令瓒的摹本《二十八宿神形图》最为出名,目前藏于日本大阪市立美术馆。

张僧繇与"画龙点睛"

有一年,张僧繇在金陵安乐寺的墙壁上画了四条龙。这些龙画得惟妙惟肖,栩栩如生。游人纷纷前来观看,赞不绝口,但美中不足的是,这四条龙都没画上眼睛。于是,大家请求张僧繇把龙眼睛点上。张僧繇说:"如果画上眼睛,龙就会飞走的!"人们认为他的说法十分荒唐,一再要求他画上眼睛。面对恳求,张僧繇难以推辞,只好挥舞画笔,把其中两条龙的眼睛画上。刚刚画完,只见雷鸣电闪,风雨交加,两条巨龙撞毁墙壁,腾云驾雾,飞向天空。没有画上眼睛的那两条龙依然留在墙壁上。从此,人们用"画龙点睛"这个成语来比喻画画或写文章时一两笔关键的话(画)能为之增色,又把画作或者文章中的妙笔称为"点睛之笔"。

绘画大师：展子虔

隋代画家展子虔善画人物、山水及杂画。人物描法细致，以色晕染面部；画马入神，立马有走势，卧马则有腾骧起跃之势，与董伯仁齐名。元人汤垕赞誉他为"唐画之祖"。他在中国绘画史上是承前启后的一代宗师。

展子虔（约550—604年或说约545—618年），生于北朝，历北齐、北周入隋，入隋为朝散大夫、帐内都督。他一生足迹很广，几乎遍及大江南北，曾在洛阳、长安等地的寺院画过许多壁画。他的山水画风直接影响到唐代李思训父子的金碧山水创作。

《宣和画谱》称赞他："写江山远近之势尤工，故咫尺有千里趣。"他的山水画比起六朝之前那种"水不容泛，人大于山"的稚拙画法要成熟得多。

展子虔的山水画在中国绘画史上独树一帜，特别是他的《游春图》，是我国现在保存下来的最古老的卷轴山水画（一说为唐摹本），对后世山水画的发展产生了很大的影响。

《游春图》构图壮阔沉静,设色古艳,富有典丽的装饰意味,此画已脱离了山水为人物画作背景的历史,独立成幅,反映了早期独立山水画的面貌,体现出承上启下的风格,也标志着山水画即将进入成熟期。

《游春图》于尺幅之内描绘了壮丽的山川和流连其中、乐而忘返的游客。图中展现了水天相接的广阔空间,青山叠翠,湖水荡漾,有的士人在山中小径上策马扬鞭,有的士人则驻足于湖边,仕女则泛舟水上,熏风和煦,微波粼粼,桃杏绽放,芳草如茵,美不胜收。

《游春图》卷也是一件为历代鉴赏家所珍视的名画。它经宋徽宗题签后,约在宋室南迁之际散出,后归贾似道所有。宋亡后,元成宗之姊鲁国大长公主得到了它,并命冯子振、赵严、张珪等文人赋诗卷后。明朝初年,《游春图》卷收归明内府,而后又归权臣严嵩所有。万历年间(1573—1620年),画卷为苏州收藏家韩世能所藏。入清后,经梁清标、安岐等人之手归清内府。溥仪出宫,此画被携至长春。目前收藏于故宫博物院。

展子虔的作品还有《法华经变相》《长安车马人物图》《白麻纸》《弋猎图》《南郊图》《王世充像》《白描》等,著录于《贞观公私画史》;《朱买臣覆水图》《北齐后主幸晋阳宫图》《维摩诘像》等,著录于《历代名画记》;《北极巡海图》《石勒问道图》等二十幅,著录于《宣和画谱》。传世作品有《游春图》。

1946年初,故宫散佚于东北的书画开始陆续出现。北京琉璃厂的古董商马霁川等最早奔赴东北,收购到不少字画精品。回京后,他们将其出售,此时展子虔的名画《游春图》就在出售之列。

著名大收藏家张伯驹得知马霁川手中有展子虔的《游春图》卷后,异常着急,唯恐国宝流失海外,因此决定购回此画。为了使国宝免于流失,张伯驹一面请墨宝斋的马宝山先生从中周旋,一面奔走告知各家古玩厂商，声明此卷有关历史，绝不能流失出境，否则便是中华之罪人，使各商家有所顾虑。最终，在马保山先生的多次协商下，终以二百两黄金谈定。当时张伯驹屡收宋元名迹，已经几近破产，他把所居房产出售，才将《游春图》卷收归。

后来张伯驹又把这件文物捐献给国家，才有了现在的这件收藏于故宫博物院的稀世之珍。

扩展阅读　纸写书的普及

随着造纸术的发明与发展，到了晋朝纸写书得到广泛的推广与普及。

随着纸的普及运用，纸写书也应运而生，图书形式逐渐由简帛向纸写书过渡。东汉人崔瑗曾用纸抄书送给朋友葛元甫。魏国曾将曹丕的作品《典论》和诗赋用纸书写了一套，送给张昭，作为外交上的礼物。西晋时，书籍已开始大量采用纸抄写的方式。等到了东晋，官府正式确立纸在抄写书籍上的地位。桓玄帝下令废除简和帛，一律改用纸。从此，简帛时代宣告结束，图书进入纸抄书阶段。

纸写本书初期，所采用的纸多以黄纸为主，这是一种经黄檗汁处理后的纸。贾思勰的《齐民要术》卷三《杂说》中曾详细记载了用黄檗汁处理纸的工序：将黄檗泡在水中，泡出汁，再将经过浸泡的黄檗捣碎，煮沸，倒入布袋，用力榨出汁液、再煮，再挤，如此三次，将挤出的汁与开始浸泡出的汁混合起来，用它来浸泡纸张，就可得到黄纸。经过浸泡的黄纸既美观又耐腐。随着造纸技术的提高，之后又逐渐出现各种各样的纸，如草纸、竹纸、藤皮纸等。

由于纸书写是由帛书发展而来的，纸写书也沿袭了帛书的形式，即卷轴装，每一卷由很多张纸连接而成，长度通常可达十米甚至三十多米，其中每张单独的纸的尺寸在不同时期会有不同。晋代纸张的尺幅，根据北宋苏易简《文房四谱》的记载换算后，大纸约为直高31.3厘米，横宽43.4厘米；小纸约为直高22.9厘米，横宽33.7厘米。总体而言，跟后世相比，尺幅不大。据考古发现迄今最早的纸抄书在新疆出土，是4世纪时晋朝的遗物。1924年，在新疆鄯善县出土了晋人写的陈寿《三国志·吴志》的纸写本残卷，上有八十行，共一千零九十多个字。纸抄书的出现及普及方便了学术文化的传播与交流。

第九章

如梦如幻——魏晋南北朝的乐舞

魏晋南北朝时期,我国音乐舞蹈酝酿着巨大的变革。各族群独特的音乐、外国音乐与宗教音乐在中原地区广泛传播。以相和歌为代表的汉乐与南方民歌"吴声""西曲"相结合,形成了"清商乐"。南北音乐在这一时期得到进一步的交融。

琴学的传承

汉末至魏晋是古琴艺术的成熟期。这一时期,在文士阶层集中出现了一批琴家,琴的士文化特征比以往更为突出,琴乐活动成为许多文士生活中必不可缺的成分。当时,琴乐创作也比两汉时期繁荣。琴家不仅演奏琴曲,而且自创琴曲。琴家之间的琴学传教活动也变得更为普遍。当时的琴乐传教活动体现在琴的技艺与有关知识的传教(主要有世家与师徒两种传教方式)、琴谱与琴曲的传播以及琴学著作的产生等方面。

现存的史籍中记载有不少汉末魏晋直至南北朝琴家之间的琴学传教行为。汉末蔡琰,字文姬,所学琴艺受之于其父汉末琴家蔡邕。《后汉书·列女传》记其人"博学而有才辩,又妙于音律"。这是世家中的琴学传承。蔡邕还曾传琴艺于阮瑀。阮瑀幼时师从蔡邕,曾因在曹操举行的宴席上弹琴作歌,深得曹操赏识。其人才学甚高,也是"建安七子"之一。而阮瑀的琴学,也对其子阮籍、其孙阮咸这两位"竹林七贤"中以琴见称的文士皆有影响。这种家学传教甚至延承到阮咸的儿子阮瞻那里。朱长文在《琴史》中记阮瞻"性清虚寡欲,自得于怀。善弹琴,人闻其能,多往求听,不问贵贱长幼,皆为弹之"。

汉魏琴家杜夔原为汉宫廷乐官,入魏后参与太乐事。杜夔"丝竹八音,靡所不能"。在琴艺上,他"妙于《广陵散》",又将该琴曲传于其子杜猛。相传,嵇康所奏此曲,是从杜猛处学得。

东晋名士戴逵,据《晋书·戴逵传》载,其人"少博学,好谈论,善属文,能鼓琴,工书画,其余巧艺靡不毕综",可谓多才多艺。生活中,他"性不乐当世,常以琴书自娱",代表了一种琴学人文传统。他虽通琴艺,但以琴为文士修身之道而非艺人之技。他弹琴重在自娱自得,耻于为权贵娱乐所用。《晋书·戴逵传》记:"太宰、武陵王晞闻其善鼓琴,使人召之。逵对使者破琴曰:'戴安道不为王门伶人!'"《宋书·隐逸传》记戴颙"父善琴书,颙并传之,凡诸音律,皆能挥手。会稽剡县多名山,故世居剡下。颙及兄勃,并受琴于父,父殁,所传之声,不忍复奏,各造新弄,勃五部,颙十五部。颙又制长弄一部,并传于世。中书令王绥常携客造之。勃等方进豆粥,绥曰:'闻卿善琴,试欲一听。'不答。绥恨而去。"

戴逵传其琴于两子,而戴颙、戴勃也创作新曲,致力于琴艺与琴曲的传播。但更为重要的方面是关于学琴与做人的问题。这方面,戴勃拒绝为王绥鼓琴之举是在琴学的行为上得其父真传。这也反映出琴学教育在文士阶层除了学艺的内容外,还有教人的意义。

汉魏以来,由于琴学传承、流播的实际需要,产生了琴谱。现今存留的最早的琴谱,是记录琴曲《碣石调·幽兰》的文字谱。在琴学传教中需要有记录琴曲的传教手段,而琴乐文字谱的产生满足了这种需要。尽管其记录方式还未摆脱语言文字的符号体系,但却开始了记谱的历史,为以后琴曲减字谱的形成奠定了基础,也有力地推动了琴学教育的发展。

琴学传教的普遍性在一定程度上体现在琴曲传播的广泛性上。在传教中必然会形成某些传播面甚广的琴曲。嵇康《琴赋》中提到的当时较为

第九章 如梦如幻——魏晋南北朝的乐舞

流行的琴曲有《广陵止息》《东武太山》《飞龙鹿鸣》《鹍鸡游弦》《流楚窈窕》等"曲引所宜"之曲以及"下逮谣俗"的《蔡氏五弄》《王昭（君）》《楚妃叹》《别鹤操》等。《乐府诗集》卷四十一引南朝宋张永《元嘉正声技录》，讲汉魏相和大曲中"又有但曲七曲：《广陵散》《黄老弹》《飞龙引》《大胡笳鸣》《小胡笳鸣》《鹍鸡游弦》《流楚窈窕》，并琴、筝、笙、筑之曲"。这表明当时存在着将相和大曲的音乐改编为器乐曲（包括琴曲）的做法。这种器乐化倾向一方面促进了琴乐的发展，另一方面也使琴乐比以往有了更多的曲目。此外，像嵇康的《嵇氏四弄》（《长清》《短清》《长侧》《短侧》），刘琨的《胡笳五弄》（《登陇》《望秦》《竹吟风》《哀松露》《悲汉月》）这类琴曲作品，与《蔡氏五弄》一样是在当时广泛的琴学传教中形成的，从琴乐风格与传承的系统性上讲，属流派意义的个人创作"曲集"。

在这一时期，也出现有不少琴学著作。其中有谢庄的《琴论》、崔亮的《琴经》、陈仲儒的《琴用指法》、萧衍的《琴要》等。

"清商乐"的发展与演变

三国时期,曹氏父子三人(曹操、曹丕、曹植)都是著名的文学家,艺术修养很高,很喜爱音乐舞蹈。史称曹操身边常日夜有歌舞艺人侍候,每当他登高或饮酒作乐时,都要赋诗,配上音乐,就成了歌曲。传言,在打败敌人取得胜利时,曹操竟会高兴得在马上拍手舞蹈。

艺术的发展自有其本身的规律,然而封建朝代的统治阶级,特别是最高统治者对某种艺术的爱好与提倡所起的作用往往不容小觑。曹操喜爱歌舞,就集中了一批优秀的歌舞艺人,让其住在特筑的铜雀台,随时为他表演歌舞取乐。临死前他还立下了遗嘱,令这些歌舞伎人每月十五都要向着他陵墓的方向表演歌舞。这些终身被囚禁、以歌舞娱乐人的铜雀伎的悲惨命运为后人所深深同情,留下了许多以"铜雀伎""铜雀台"为题的诗篇。

史称,南朝流行的"清商乐"实际上原是曹魏时铜雀伎表演的音乐舞蹈。由于这些经过加工、提高的民间乐舞生动精美,所以到处流传,传到长安、洛阳直到江南一带,受到人们的欢迎和重视。曹魏时期,专门设立

第九章 如梦如幻——魏晋南北朝的乐舞

了管理这类乐舞的职官——清商令、清商丞。纵情声色享乐的魏齐王曹芳（232—274年）"每见九亲妇女有美色，或留以付清商"。曹魏时期的清商乐是专供统治阶级娱乐欣赏的表演性乐舞。这些来自民间的音乐舞蹈在进入上层社会的初期，虽经过了一定的加工整理，在艺术、技巧上可能有所提高，演出形式更为精致华美，但未失掉它们原有的生动活泼、情真意切的民间风格。这也是其为人们喜看爱听，得以普遍、长期流传的原因。

魏明帝曹叡青龙年间（233—237年），宫中善歌舞伎乐的有上千人，是规模不小的"皇家歌舞班"。她们所表演的也大多是清商类的乐舞。这种由宫廷组织的专业队伍无疑对当时音乐舞蹈的发展起到推动作用。但同时，由于这些供欣赏娱乐的"俗乐"——民间乐舞，在进入宫廷和上层社会以后，必然会随着观赏者——皇室贵族的欣赏趣味、审美习惯和政治需要逐渐改变它们的原貌。魏晋以后直至唐代清商乐中一些舞蹈的变化充分展现了这种发展趋向。

清商乐的内容相当丰富，有乐曲、歌曲、舞曲等。自曹魏时期形成清商乐（舞）以后，其内容不断得到丰富。两晋承袭清商乐，东晋南迁时将这些中原传统乐舞带到南方，当地的"江南吴歌""荆楚西声"又丰富了清商乐的内容。南朝各代，那些加入了民间俗乐俗舞的清商乐十分受欢迎，到处流传。《南史·徐勉传》称，梁武帝曾将后宫女乐"吴声""西曲"两部赏赐宠臣，由此可见皇室对清商乐的重视。

北魏王朝在统一了北方以后南进到淮汉及寿春地区，得到了江左所传"中原旧曲"及南方的民间乐舞，并按传统称谓也叫其清商乐。于是，南朝、北朝都有清商乐传播。当南北统一以后，隋唐宫廷燕乐中专门设立了"清商乐部"。到武则天统治时期，清商乐已日趋衰落，尚存有六十多曲。其中著名的舞蹈有巾舞、拂舞、鞞舞、铎舞、巴渝舞、白纻舞、前溪舞、明君舞等。

经过数百年漫长的岁月，清商乐发生了许多变化。它们基本上是向两个方向发展：一类是作为"前代正声"进入庙堂，被归入雅乐；另一类则是经过艺人的精心加工，成为精美的表演性舞蹈，数百年盛行不衰。前一类如"鞞舞"是古代鼓舞的一种，起源于何时已难考订，但汉代已用于宴享。曹操了解到，汉灵帝时（168—189年在位）有个宫廷艺人李坚擅长跳鞞舞，于是下令将他招来。李坚当时已年迈，多年不跳，所记歌词也多有谬误，且朝代变迁，用旧词也不当。于是曹植作了新词五篇，但并未被朝廷正式采用，只在藩国流传。到了晋朝，鞞舞受到朝廷的重视，将它作为"前代正声"。晋人夏侯湛作《鞞舞赋》说鞞舞是乐府的精彩节目，是宫廷的珍宝，祭祀天地祖先都要用鞞舞。当时，晋朝又作了新的鞞舞歌词五篇，舞蹈是由十六人表演。到了晋末，桓玄权势日大，自封楚王，准备称帝时，尚书殿中郎袁明子提议，使鞞舞增满八佾（六十四人，周礼规定，为天子用乐人数）。南北朝时期，南朝宋明帝刘彧亲自写鞞舞歌词，舞也用八佾。孝武帝大明中（457—464年），"以鞞、拂杂舞，合之钟石，施于殿庭"。几个朝代，鞞舞都沿用传统舞蹈形式，仅改写歌词，用以歌颂本朝皇帝。

从舞蹈本身看，生动活泼的民间鼓舞——鞞舞，经过了汉、魏、晋几个朝代的发展而变成了礼仪祭祀舞蹈。尽管晋人夏侯湛作的《鞞舞赋》说鞞舞非常精美，技艺高超。但是，某种舞蹈一旦被纳入雅乐、进入庙堂，民间舞蹈原有的生动活泼的精神气质往往会荡然无存。

"巴渝舞"也经历了与鞞舞大致相同的"改造"过程。为刘邦打天下立过战功的西南"板楯蛮"（或称賨人）的民间舞巴渝舞粗犷雄健，富于尚武精神，受到汉高祖的重视，归入乐府。曹魏时，先改了歌词，内容为歌颂曹魏的统治。黄初三年（222年）连名字也改了，称"昭武舞"，晋又改为"宣武舞"，都属于祭祀时表演的"武舞"。直到晋咸宁元年

第九章 如梦如幻——魏晋南北朝的乐舞

（275年）才在庙乐（雅乐）中停用此舞。可以想见，这个进入庙堂的巴渝舞经过将近五百年的变迁后已是面目全非了。据分析，曹魏时并没有将巴渝舞归入专供娱乐的清商乐类。最早是晋代或更晚的隋唐朝代才将巴渝舞归入清商乐类。

另一部分属清商乐类的舞蹈，如巾舞、白纻舞、明君舞、前溪舞等，经过历代艺人的加工创作成为古代舞蹈中的精品，数百年间，一直是宴会中经常表演的保留节目。"巾舞"以各种精湛的舞巾技巧博得了人们的赞赏。汉画像砖石中有许多热情奔放、潇洒自如的巾舞画面。至今人们仍能从古典戏曲和民间绸舞中找到它的踪迹。"白纻舞"舞者穿着"质如轻云色如银"的典雅而美丽的舞服，轻盈柔曼地舞蹈。那丰富多变的舞袖技巧，那轻轻移动的舞步，令人神往。史称周代《人舞》"以舞袖为容"。战国文物中的舞人形象无不是曳长袖款款而舞。汉画像砖石中刻绘了许多飞舞长袖的舞人，姿态各异。河南邓州市出土的南北朝时期的画像砖上，两个女舞者身着宽口长袖衣，细腰长裙，倾身相对而舞，舞姿柔婉典雅，颇具清商舞风，及至后世，舞袖传统仍延绵不断。如今戏曲舞蹈中精湛的舞袖技艺已成为刻画人物、表达思想感情的重要手段。白纻舞从晋到唐，数百年间一直盛行不衰，各代诗人留下了许多赞叹的诗篇。"明君舞"是以汉代"昭君出塞"的故事为背景编制的歌舞。它的首演者是晋代著名舞伎绿珠。她的命运十分悲惨，最终被逼跳楼自杀。正是由于她的技艺令人赞叹，她的遭遇令人悲叹，明君舞也为人们所熟知，从三国至唐，也流行了数百年之久。"前溪舞"出自江南，是东晋南迁时在清商乐中增入的江南吴歌中的一种舞蹈。"前溪"是村名，属浙江武康县，史称"南朝集乐之处""江南声伎，多自此出，所谓舞出前溪者也"。这个以地名为舞种名的前溪舞，具有浓郁的江南民间风格，婉转缠绵，动人心扉，从晋流传到唐。唐人的诗篇中有"舞爱前溪绿，歌怜子夜长"和"气尽前溪舞，心酸子夜歌"等句，写出了前溪舞的风格特色和在唐代的流行情况。

　　清商乐中那些被修入雅乐的舞蹈，的确是僵化、仪式化了，失去了原有的生命力，如改为"昭武舞"又改为"宣武舞"的巴渝舞、鞞舞等，但一直流传在民间的同类舞蹈仍然以它们生动活泼的本色在市井流传，不会因宫廷的兴废而影响它们的盛衰。而清商乐中另一些经过较多艺术加工、比较精美的舞蹈，如白纻舞、巾舞等，则作为表演性舞蹈长期流传，至今仍可在历史悠久的传统舞蹈中追寻到它们的遗迹。

第九章　如梦如幻——魏晋南北朝的乐舞

乐律理论的推动者

我国古代乐律存在两个明显的缺点。一是十二律不能完满旋宫，二是"三分损益法"用于管律不够精确。随着管弦乐合奏的发展，迫切要求各种乐器的用律统一。特别是管乐器在转调和音准方面都不能得到比较满意的效果。因此自汉以来，有不少人围绕着这些问题进行研究、探索。魏晋南北朝时期在这方面贡献较大的有荀勖、何承天两人。

1. 荀勖考定律吕

荀勖字公曾，生年不详，卒于晋武帝太康十年（289年），颍阴（今河南省许昌市）人，官终尚书令，是西晋时期我国重要的乐律学家。

荀勖的重要贡献在于发现"管口校正"的规律，并制作出较为精确的律管。据《晋书·律历志》载，荀勖等人曾上奏说："笛之长短，无所象则，率意而作，不由曲度。考以正律，皆不相应；吹其声均，多不谐合。"又说，"先师传笛，别其清浊，直以长短。工人裁制，旧不依律。"可知其时制笛不合乐律，所谓"作笛无法"。荀勖于晋泰始十年

（274年）制成一套十二支的笛律，形状如后世直吹之箫，每笛适用于吹奏一调，正应十二律。每管开六孔，都可吹奏"三字二十一变"，即荀勖所说的"正声调""下徵调""清角调"三种七声音阶调式各音。这十二支标准笛就是后世所说的"荀勖笛律"。

荀勖所用的管口校正数是否合理，自然只有知道了当时黄钟的真正音高，再通过细致的物理实验才能做出判断。

荀勖的"一笛三宫"即是在一支笛上吹三种调式。"正声调"是古音阶宫调式，"下徵调"是古音阶徵调式，"清角调"是古音阶角调式。与"清商三调"相比，正声调就是平调，清角调就是瑟调，只有下徵调是一个新调式，而下徵调的运用在我国历史上造成了新音阶的确立。荀勖的十二笛可以奏全十二均每均七律的各音，明确宣称每均都三宫。他的每均三宫，正是魏晋清商乐兼用的三种音阶：古音阶、新音阶和俗乐音阶的商调式。

2. 乐律学家——何承天

何承天（370—447年）是南朝宋人，是我国杰出的乐律学家。东海郯（今山东省郯城县）人。他善弹筝，在乐律方面有新的见解，提出了对"京房六十律"的反对意见。《隋书·律历志》载："何承天《立法制议》云：'上下相生，三分损益法其一，盖是古人简易之法……而京房不悟，谬为六十。'"他不同意京房采用加律的方法来解决音差问题，而是主张在十二律内部加以调整。何承天创立的这一学说以及调整的律制被《宋书·乐志》称为"新律"。

假设黄钟的振动体长度为9寸，用"三分损益法"进行推算，仲吕还生"变黄钟"为8.8788寸，与正黄钟相比较，差0.1212寸。于是，何承天将它分为十二值各0.0101寸，这样，至第十三律时，加0.1212寸恰成9寸而还生黄钟。

何承天的这种"新律"已经接近十二平均律了，缩小了古律大、小半音间的差距，但理论上还不是真正的十二平均律，因为它不是按频率比来计算的。它是世界上最早运用数学计算对十二平均律进行的探索，在当时历史条件下推动了律学研究的发展，因而何承天"新律"诞生的意义是不可忽视的。

此外，与何承天同时且著名的科学家钱乐之也曾对乐律问题进行过探索，但也是按"京房六十律"的路子，用"三分损益法"继续推算，一直算到三百六十律，显然比京房的六十律更加缺乏实际意义。

三部影响较大的古琴曲

在魏晋南北朝时期，以古琴为代表的器乐作品呈现出繁荣的景象。这些古琴作品的突出表现是内容深刻、寓意深远，具有一定的社会意义，而且突破汉代末期器乐作品仅以叙事性为唯一表现方法（如《广陵散》《胡笳十八拍》等作品）的窠臼，增加了表达思想性、寓意性和突出形象个性的表现方法。在形式上，这一时期的古琴曲作品追求艺术形式的完善，力求在表现手段上出神入化、贴切逼真，其中最具代表性的作品是《酒狂》《梅花三弄》和《碣石调·幽兰》。

1.《酒狂》

《酒狂》，相传是魏晋时期著名思想家、文学家和音乐家阮籍创作的一首古琴曲。

阮籍曾任步兵校尉，史称"阮步兵"，魏司马氏掌权时为"竹林七贤"之一，在文学和思想方面与当时的嵇康齐名。因不满司马氏集团的专权和迫害，所以在政治上采取了回避的态度，"借酒佯狂，远遁山林，以

第九章　如梦如幻——魏晋南北朝的乐舞

避其害"。古琴曲《酒狂》就是在这样一种矛盾的心理下创作出来的。这首古琴曲的突出特点是表达了一种摇摆不定、恍恍惚惚的矛盾复杂的心情。这种音乐效果，艺术地刻画出作曲者借酒醉之状来表现内心的苦闷，反映了他郁郁不得志但又不甘随波逐流的内心世界；同时也反映了当时的人们因恐惧政治的黑暗，为避疑忌只能借酒装疯以避不测。由此，作品以"酒狂"来命题。在音乐结构上，《酒狂》的曲式结构十分严谨，其奏法规范准确。作品小巧玲珑，点题形象生动，是一首艺术水准很高的作品。

2.《梅花三弄》

《梅花三弄》原本是一首笛曲，在晋时就已经十分流行。相传，此曲为参加过淝水之战的东晋将军桓伊所作。有关《梅花三弄》究竟是在何时改编成古琴曲的，说法至今不一。但在唐宋时期，它已经成为一首十分有名的琴曲作品。今天，《梅花三弄》被列入中国古代十大名曲之中。在音乐内容上，《梅花三弄》通过对梅花洁白和芬芳的形象描写，耐严寒、傲霜雪的性格刻画，来赞美具有高尚品格的人。其音乐寓意于物，具有人格化的创作特点，因此甫一问世立即受到当时士大夫阶层的喜爱，并成为他们竞相自寓其身而经常演奏的作品。在音乐形式上，全曲的主题前后共出现了三次，因而称为"三弄"。其曲式严谨，旋律优美动听，在创作手法上具有音色对比和节奏变化的特点，以此来表现梅花同寒风搏斗的艺术形象。可以说这首作品在表现艺术形象上是十分成功的。历史上，《梅花三弄》还曾以《梅花引》的名字出现在古琴作品中。在宋代的曲牌中，也曾出现过"梅花引"这样的命名。

3.《碣石调·幽兰》

《碣石调·幽兰》是南朝梁时的一首著名古琴曲。该曲究竟为何人所作，今已不可知。相传，此曲由当时著名琴家丘明传授下来，它也是世界上发现的最早的乐谱。

《碣石调·幽兰》的乐谱是将中国汉字解构后重新组合，以此来记录演奏古琴时的音位和左右手的指法。虽然乐谱只记录了音位和指法，缺乏有关音值和节奏等方面的记录，仍属于乐谱的早期形式。它在距今约一千五百年前就已经出现，是当时我国音乐文化的一个重大突破。这首琴曲的内容，据传与春秋时期孔子周游列国有关。孔子到各国宣讲他的政治观点和治国之道，但是没有一个国家肯采纳他的意见并重用他，在归途中他见到了幽谷中盛开的兰花，感叹地说道："兰花本是香花之王，如今却同野草一起生长在没有阳光的地方啊！"于是操琴弹奏一曲。后人传说这首曲子就是所谓《幽兰》的早期形式。此曲，人们经常弹奏，在中国琴史上十分著名。今天它也被列入中国古代十大名曲之中。

《碣石调·幽兰》被不满社会现实但又找不到出路的士族文人用来表达自己的思想和心态，反映了当时的社会矛盾和复杂的政治现实，因此作品具有一定的现实意义。在作品的形式上，其结构短小精悍，曲调委婉清丽。全曲共四个段落，是一首小型曲式的作品，其表现手法有主题呈示、主题对比、再现等，却成功地表达了哀婉深沉的思想感情。

扩展阅读 《玉树后庭花》是何舞

> 烟笼寒水月笼沙，夜泊秦淮近酒家。
>
> 商女不知亡国恨，隔江犹唱后庭花。

一千一百多年前，晚唐诗人杜牧乘舟游赏秦淮河。时节已是深秋，夜晚，小舟停泊在岸边，清冷的月光照着秦淮河的粼波，使人感到无限的寒意。这时，从岸上飘来歌楼酒馆里歌女凄婉的歌声，这不就是陈后主所作的《玉树后庭花》吗？金陵是六朝建都之地，而末代皇帝陈叔宝就是在这《玉树后庭花》的乐舞声中做了隋的阶下囚。由陈亡国到这时，已经二百多年，而这金陵城里还唱着这首被称为亡国之音的《玉树后庭花》，达官贵人们的精神状态难道和陈后主君臣一样萎靡不振吗？

据《隋书·五行志》说，这首歌曲的原词中有"玉树后庭花，花开不复久"的话。古人迷信，认为这话不吉利，是谶语，所以陈朝很快就灭亡了。唐初的杜淹在和唐太宗的一次谈话中，把问题说得更严重。他认为历代兴亡的主要根源是音乐，齐亡于《伴侣曲》，陈亡于《玉树后庭花》。

唐太宗当场就反驳了他。

其实，类似《玉树后庭花》这样的乐舞，各朝各代都有。它的艺术感染力是很强的。应该说，它是值得珍视的艺术作品。陈的亡国在于政治不修，统治者沉溺于享乐，而不在于陈后主创作了这首乐曲。音乐亡国论是一种唯心的观点。《乐府诗集》中所载的陈后主的《玉树后庭花》是这样的："丽宇芳林对高阁，新妆艳质本倾城。映户凝娇乍不进，出帷含态笑相迎。妖姬脸似花含露，玉树流光照后庭。"这应该不是原始的《玉树后庭花》，原始歌词中有"花开不复久"这句话，并被《隋书·五行志》特别标出。

南唐李后主《后庭花破子》是略变《玉树后庭花》的句式而来的，所写的思想内容也完全与《玉树后庭花》相同："玉树后庭前，瑶草妆镜边。去年花不老，今年月又圆。"《玉树后庭花》的思想内容与后来张若虚的《春江花月夜》、刘希夷的《代悲白头翁》差不多，主要是从花开花落中意识到时空的无限和人生的短促。它的基本情调是感叹年华易逝、青春难留，这是一首悲剧性的乐曲。所以《隋书·音乐志》说它"其音甚哀"，《隋书·五行志》说它"词甚哀怨"，刘禹锡的《金陵怀古》诗说"后庭花一曲，幽怨不堪听"。陈后主的诗都是属意于美人的，《玉树后庭花》也没有例外。用花比喻美女，这是我国古代常见的一种习惯；另外用玉树形容人的风采也是六朝时期的一种风气。《世说新语》中这类例子很多。如"太尉神姿高彻，如瑶林琼树，自然是风尘外物"，又如庾亮死后，何充叹息说："埋玉树箸土中，使人情何能已已！"面对着如花似玉的美女，伤叹她们终究要颜色衰败，青春消逝，"玉树后庭花，花开不复久"，这种感情当然是哀婉的。

《玉树后庭花》在唐代有大曲舞蹈，其基本形态是南朝传下来的清乐舞蹈。南朝的清乐舞蹈，一般为十六人的队舞，舞者为女性。《玉树后庭

第九章 如梦如幻——魏晋南北朝的乐舞

花舞》也应是这样，这个舞的舞者梳着高高的发髻，舞衣是用轻而薄的碧纱缝制的，衣裾长长地拖在地上，衣袖又宽又大，面部的妆容主要是用眉毛表现愁容，有些像汉末梁冀夫人孙寿的"啼妆"，这是为适应这个特定舞蹈的内容设计的。

第十章

日新月异——历史夹缝中的科技文明

魏晋南北朝时期,科学技术有了显著进步。这一时期的科学技术继承了前代的成就,又在族群融合、南北交流中互相借鉴,在数学、农学、地理学、天文历法、机械制造、冶炼、医学等诸多方面都有所创新。

农学经典《齐民要术》

贾思勰生活于5世纪末到6世纪中叶，齐郡益都（今山东省寿光市）人，曾任过北魏高阳（今河北省境内）太守。由于相关文献较少，他的经历已无法查考。他所著的著名农书《齐民要术》是中国农学史上一部经典著作。该书是他"采捃经传，爰及歌谣，询之老成，验之行事"而写成。全书计十卷，九十二篇，引述文献达一百六十多种，同时搜集有农谚，并包含贾思勰调查访问所得和亲身实践的经验。

在《齐民要术》中，贾思勰建立了较为完整的农学体系，对以实用为特点的农学类目做出了合理的划分。从开荒到耕种，从生产前的准备到生产后的农产品加工、酿造与利用，从种植业、林业到畜禽饲养业、水产养殖业，论述全面，条理清晰。这一农学体系为后人编纂农书提供了范本。

贾思勰生活和活动在中国北方，因此《齐民要术》中反映的主要是北方干旱地区的农业技术。

通过对农业典籍和生产经验的收集、整理和研究，贾思勰认识到，气候有一年四季的变化，土壤有温、寒、燥、湿、肥、瘠之分，农作物的生长既有其自身的规律，又因时因地而各有所宜，要获得农业生产的好收成，就必须了解农作物的生长规律和所需的生长条件，顺应其生长要求。他继承中国农学注重天时、地利和人力三要素的思想，特别强调"顺天时，量地利，则用力少而成功多。任情返道，劳而无获"（《种谷》）。但是，他并不是让农民仅仅被动地去顺应天时、地利，他对人力的作用也非常重视，而是建议在掌握天时与农作物生长关系的同时，能动地利用"地利"，以求取更好的收成。在《齐民要术》的各篇中，他都着意介绍和评述如何合理利用人力、物力，搞好经营管理。这种把天时、地利、人力有机地结合起来，强调因时制宜、因地制宜、精耕细作、合理经营的思想对后世农业生产有着极其深刻的影响。

《齐民要术》的记述非常丰富，如各种土壤的经营方法、旱地保墒技术、选种、种子处理（拌种、晒种等）、保持和提高地力等，书中还有中国农学史上关于水稻的催芽技术的最早记录。

《齐民要术》还反映了当时中国人拥有丰富的生物学知识。当时人们已会使用扦插技术——即嫁接法无性繁殖，例如用棠树（即杜梨）作砧木，用梨树苗作接穗，梨结果大而细密。接穗要选择向阳的枝条，说明古人对光在植物生长中的作用已有所认识。强调嫁接时木质部与木质部相连，韧皮部与韧皮部要密切接合，说明对植物的生长特性有较深的了解。对马、驴杂交所生出的骡的生物优势和禽畜去势催肥等认识亦较以前深入。书中还总结了在开垦树林荒地时树木的环刈法，将树木的韧皮部割去一环，阻止树液通过，使树木枯死，然后放火烧，可以连根去掉，这对开垦荒地是很有用处的。我国在农产品加工方面，利用微生物发酵来加工豆类、酿酒和制作奶酪等有着悠久的历史。到南北朝时期人们已能较熟练地掌握微生物发酵技术。《齐民要术》中记载了丰富的微生物学内容，并用之加工多种食物，有些还上升到比较系统的规律性认识。

在北朝，大量的北方胡人进入中原，使中原地区的畜牧业得到发展。《齐民要术》既总结了历代的家畜饲养经验，也吸收了北方各族群的畜牧经验。书中有根据动物形态鉴别品种优劣的知识并介绍了饲养牲畜的各项措施，提出了要依据各种动物的生长特性，适其天性，进行管理。《齐民要术》对于种畜的培育非常重视，记述了留取优良品种，注意孕期环境，繁殖仔畜的方法等。如羊要选腊月、正月生的羊羔留种最好，母鸡要选择形体小、毛色浅、脚细短、生蛋多、守窝的。书中还收集了兽医药方四十八种，内容包括外科、传染病、寄生虫病和普通病等，这是我国现存最早的有关兽医药学的记载。

炼钢新技术与新成就

中国早期冶炼钢铁的技术最突出的成就就是"灌钢"冶炼法的创造。这种炼钢方法至少在南北朝时期就已经普遍应用了。陶弘景是记述我国古代"灌钢"冶炼法的第一人。后来，东魏、北齐的著名冶金家綦毋怀文应用此法炼钢后这项技术才迅速地传播开来。因此，世人就认为灌钢是他发明的。实际上，这种灌钢冶炼法是百姓在长期实践过程中创造出来的。

我国古代的炼钢技术有一个发展过程。春秋以前，炼铁术已有发展，但由于炉体小，鼓风设备差，用木炭做燃料，炉温比较低，炼出来的铁是呈海绵状的固体块。等到炉子冷却后再取出铁块，这种冶炼方法叫"块炼法"。块炼铁含碳量低，质软，含磷、硅等杂质，必须经过锻打才能成为可以使用的熟铁。从江苏六合程桥春秋吴墓出土的铁条就是用块炼铁锻成的，这是我国关于生铁冶铸器物的最早实物见证。

熟铁和钢的主要区别是含碳量的不同。熟铁含碳量在0.05%以下，钢含碳量在0.05%～2%，生铁含碳量大于2%。熟铁性韧，耐锤击，但是太软。生铁质硬而脆。钢则脆、韧适宜，用途广泛。人们在锻打熟铁的过程

第十章　日新月异——历史夹缝中的科技文明

中，由于反复在木炭中加热，使铁吸收了碳，提高了含碳量，减少了杂质，因而成为钢。这是最早的炼钢技术，这种钢叫渗碳钢。将这种钢反复折叠锻打，使碳分布更均匀，组织更加致密，提高了质量，就变成了百炼钢。出土文物表明，这种炼钢法在战国中晚期就已经被匠人掌握了，西安半坡秦墓出土的铁凿即用这种钢制成。但这种钢的产量很低。

到西汉早期，炼钢技术有了新的进步，出现了新技术"炒钢"。就是把生铁加热成半液体、半固体状态，再加入铁矿粉，不断搅拌，利用铁矿粉和空气中的氧，烧去生铁中的一部分碳，降低了含碳量，除去渣滓，得到钢和熟铁。将生铁当炼钢原料是炼钢技术的一个重大发展。1974年，山东省兰陵县出土东汉永初六年（112年）"三十湅"环首钢刀，"湅"就是"炼"的意思。这把刀由含碳量0.6%～0.7%的炒钢反复折叠锻打而成。在河南巩义铁生沟汉代冶铁遗址中发现了西汉后期炒钢炉一座，炉内尚有未经炒炼的铁块。炒钢炼钢技术在欧洲直到18世纪中叶才出现，比我国要晚一千九百年。

用生铁直接炒炼成钢，工艺比较复杂，在古代缺乏化学分析的条件下，要在炒钢过程中控制所需要的一定含碳量是比较困难的。因此，多数是把生铁先炒炼成低碳熟铁，再用固体表面渗碳法重新增碳而炼制成钢。这样，仍然要经过百炼才能得到纯钢，需要花费很大的人力和很多时间。

两晋南北朝时期，人们发明了灌钢冶炼法。《重修政和经史证类备用本草》卷四《玉石部》引用梁陶弘景的话："钢铁是杂炼生鍒作刀镰者。"这是最早具体记载的灌钢冶炼法。"生"就是生铁，"鍒"是指熟铁，"杂炼生鍒"就是把生铁和熟铁混杂起来冶炼的意思。生铁含碳量高而熔点低，先熔化后灌入熟铁，这样就得到了比较好的钢，可以用来制作刀镰。綦毋怀文也用这种方法冶炼出质量很高、十分锋利的钢刀。史书记载綦毋怀文的炼钢方法是"烧生铁精，以重柔铤，数宿则成刚"。就是说，选用较好的铁矿石冶炼出优质生铁，把液态的生铁浇注在"柔铤"即熟铁上，然后让生铁熟铁如同雄雌两性动物"宿"在一起交配，也就是《天工开物》中所说"生钢（铁）先化，渗淋熟铁之中，两情投合"，经过几度交配后就成钢铁，所以这种钢也叫"宿铁"。用这种钢制成的刀十分锋利，一刀可以砍断叠了三十多层的铠甲。这种冶炼方法后来在襄国（今河北省邢台县西南）一带长期为冶炼家所采用。

灌钢冶炼法是我国早期炼钢技术上的一项了不起的成就。它与百炼法或炒钢法比较，有很多优点。它缩短了冶炼时间，提高了钢的产量，工艺简便，容易操作，成本低，质量高。因此，宋代以后一直到明代，这种炼钢方法不断发展，一直是炼钢的主要途径。中国封建社会在唐宋以后之所以能高度发展，社会生产率大幅度提高，应该与此有关。

第十章 日新月异——历史夹缝中的科技文明

裴秀的制图六体

裴秀（224—271年）是西晋地图学家。他主编完成了历史地图《禹贡地域图》、晋地图《地形方丈图》，又总结前人制图经验，提出了绘制地图的理论"制图六体"，在地图学方面做出了杰出的贡献。

裴秀，字季彦，河东闻喜（今属山西省）人，出身于官宦世家，祖父和父亲在汉魏都官至尚书令。裴秀从小聪明好学，八岁就能作文章，十岁时，已被称为"后进领袖"。他先在曹爽手下做官，司马懿诛曹爽后，他投靠了司马氏，官至尚书仆射。西晋建立初，他负责改定官制，被封为济川侯。不久，他官至尚书令、左光禄大夫、司空。泰始七年（271年），裴秀去世，年仅四十八岁。

我国地理学起源很早。相传，夏禹铸造过九鼎，鼎上各有不同地区的山川、草木和禽兽图，这鼎直到秦代才被销毁。又据说，周公东征胜利后营建周洛邑后，把洛邑的地图献给成王。战国时，两国之间发生割地让城的事，首先得把地图交出来。荆轲刺秦王就是假装献地图，"图穷而匕首见"。1972年，在长沙马王堆三号汉墓出土了三幅绘在帛上的地图，即地形图、驻军图和城邑图，是西汉初年的作品，已表现出相当高的水平，地形图大体合乎十八万分之一的比例，水道大部分接近于现代地图。在地理著作方面，大约在春秋战国时期出现了一部地理学名著《禹贡》，用自然分区方法把全国分为九州，记述了黄河流域的山岭、河流、薮泽、土壤、物产、贡赋、交通等。由于内容丰富，此书受到历代重视。有了这些基础，再加上秦汉以来数学、天文学、测量学的发展，裴秀在地图学方面有所突破成为可能。

西晋建立并统一全国后，需要准确而详细的全国地图，可是几经战火，图籍损失惨重。秘书省既无古代地图，也没有汉初萧何接收的秦朝地图，只有汉朝《舆地》及《括地》各种杂图，简单粗陋，既不设比例尺，也没有准确方位，不记名山大川。而《禹贡》所记山川地名，由于历史变迁，已多变动，十分混乱。这就使裴秀决心绘制新的《禹贡地域图》。

裴秀官至司空，掌管国家的地图、户籍、工程等，这使他能接触更多的地理和地图资料，又加上他曾多次随军征战，如往淮南讨伐诸葛诞等，使他获得了大量实际的地理知识。他还仔细阅读了对蜀、吴战争的纪事，从中了解军队所经地方的地理状况，这些都为他绘制全国性地图准备了条件。

裴秀利用他的地位，组织人力，对《禹贡》所记山岳、湖泊、河道、高原、平原、沼泽以及古代九州的范围做了详细考订。同时结合晋时十六州下的郡国县邑、疆界变化，进行古今地名参照对比，弄清了古代各诸侯国间结盟定约的古迹及古今水陆交通的变迁等。对于一时弄不清的则存疑暂缺，对于古代有名而今查不到的都一一注明。经过这样深入的研究和考证，他终于绘制成了《禹贡地域图》十八篇。这是见于文字记载的最早的大型历史地图集。裴秀完成这本地图集后，把它进呈给晋武帝。后来，该图集被当作重要文献"藏于秘府"。

裴秀为《禹贡地域图》作了一篇序言。在这篇序言中，他提出了著名的"制图之体有六焉"的"制图六体"，即分率、准望、道里、高下、方邪、迂直。分率就是按比例反映地区长宽大小的比例尺；准望是确定各地间彼此的方位；道里就是各地间的路线距离；高下、方邪、迂直这三条是说明各地间由于地形高低变化和中间物的阻隔，道路有高下、方斜、曲直的不同，制图时应取两地间的水平直线距离。这六条原则是互相联系和制约的。没有比例尺，无法表现实际远近；没有方位的确定，某一地的方向从一个方向看是对的，从另一个方向看就错了；没有道路的实际路线和距离的表示，有山水相隔的地方就不知道怎样通行了；没有地物的高下、山体的倾斜以及道路的迂回、转折的表示，并用它来校正，那么一定与实际距离不符，方向也不对。因此，这六个方面要综合运用，才能绘制出比较科学的地图。

裴秀把数学中的比例运算方法与测定远方地物间的水平直线距离的"重差术"应用于地图的绘制中，大大提高了地图的准确性。裴秀提出的这些制图原则是绘制平面地图的基本科学理论。明末意大利传教士利玛窦所绘有经纬线的世界地图在中国传播以前，"制图六体"一直被我国地图绘制者所遵循。

裴秀还曾绘制了一幅《地形方丈图》，这是简缩的晋地图。过去有人绘制了一幅《天下大图》，用缣八十匹，不便于阅读、携带、保存。裴秀运用"制图六体"的方法把它缩绘成《地形方丈图》，标上名山大川、城镇乡村，方便了阅览。此图流传了好几百年。有人认为，南朝诗人谢庄绘制的《木方丈图》就是以裴秀的地图为蓝本。

裴秀不仅对我国地图学的发展做出了巨大的贡献，他的制图六体理论在世界地图史上也有重要地位。有人把裴秀称为"中国科学制图学之父"，可以说不为过。

陈卓绘《全天星图》

晋太史令陈卓在继承前人成就的基础上把当时天文学界石申、甘德、巫咸三家学派所绘星图并同存异,经过充分的分析对比研究之后,合而为《全天星图》。在《全天星图》这幅反映当时最高成就的天文图上,共绘星官二百八十三个,星一千四百六十四颗。这幅图在当时所有的星图中是星星数目最多的,而且影响也是最大的。陈卓的星官体系一直被后世的天文学家奉为圭臬,沿用了一千多年一直没有更改,直到明末才有了新的发展。

圆周率研究的进步

圆周率π是求圆周长、圆面积、球体积等各类问题所必须用到的数值。圆周率π可以表示成无限不循环小数3.1415926535……近代数学已经证明，π是一个不能用有限次加减乘除和开各次方等代数法运算出来的数，就是所谓的"超越数"。

中国是最早把圆周率精确到小数点后第七位的国家。在汉代之前，人们采用的圆周率是"周三径一"，即π=3。这个数值非常粗糙，计算结果误差很大。随着科学的发展，人们开始探索比较精确的圆的问题，还包括复比例、连比例等比较复杂的比例配分问题。

据史料记载，1世纪初制造的圆柱形标准量器律嘉量斛所采用的圆周率是3.1547。2世纪初，东汉天文学家张衡在《灵宪》中取用π≈3.1466，又在球体积公式中取用π≈3.1622。三国时，吴人王蕃在《浑天象说》中取π≈3.1556。这些值都比"周三径一"精确度高。

魏晋时期的数学家刘徽创立了割圆术，为计算圆周率和圆面积建立了严密的方法，开创了中国圆周率研究的新纪元。他在总结过去数学运算时发现,"周三径一"不是圆周率值,实际上是圆内接正六边形周长和直径的比值。用这个数据计算面积的结果是圆内接正十二边形的面积,而不是圆面积。经过深入研究,他发现当圆内接正多边形边数无限增加时,其周长愈益逼近圆周长。在这一思想的指导下,刘徽创立了割圆术。他从圆内接正六边形算起,边数逐步加倍,一直算到圆内接正192边形的面积,算得了π近似于3.14的数值。这个结果在当时世界上是先进的。刘徽的计算方法只用圆内接多边形面积而无须外切多边形面积,这比古希腊数学家阿基米德用圆内接和外切正多边形计算,在程序上要简便得多,可以收到事半功倍的效果。

在刘徽之后,南北朝的数学家、天文学家、机械制造家祖冲之把圆周率推算到更加精确的程度,取得了极其光辉的成就。他应用刘徽的割圆术,在刘徽的计算基础上继续推算,求出了精确到第七位有效数字的圆周率:3.1415926<π<3.1415927;同时,祖冲之还确定了π的两个分数形式的近似值:约率π≈3.14,密率π≈3.1415929。祖冲之求得的圆周率数值远远走在当时世界的前列。直到一千年以后,15世纪阿拉伯数学家阿尔·卡西和16世纪法国数学家维叶特才打破了他的纪录。此外,祖冲之发现的密率是分子、分母都在一千以内表示圆周率的最佳近似值。在欧洲,16世纪的德国人奥托和荷兰人安托尼兹才得到这个数值。

圆周率在生产实践中应用非常广泛,在科学不太发达的古代,计算圆周率是一件相当复杂和困难的工作。祖冲之算出小数点后七位准确的圆周率付出了巨大的劳动,它标志着中国古代数学的发展水平。

医学文明新星：脉学与针灸

魏晋时期，脉学取得较大成就，医家王叔和对我国3世纪以前的脉学进行了较系统的整理和总结，撰成《脉经》，为中医脉学发展奠定了基础。这一时期的针灸学也有显著进步，论述针灸的文献较以前大为增多，最具代表性的是皇甫谧的《针灸甲乙经》，对后世针灸学的发展产生了深远影响。

1. 王叔和与《脉经》

我国的脉诊起源很早，先秦时期已有较丰富的脉学知识。《周礼》中有切脉以察脏腑病变的记载。《左传·昭公元年》记述秦公派遣医和诊治晋侯之疾，医和以色脉互参详论其病的史实。《史记·扁鹊仓公列传》有"至今天下言脉者，由扁鹊也"之说，可见扁鹊在战国秦汉时期被公认为脉学鼻祖。《黄帝内经》收载大量秦汉以前的脉学资料，论述四十多种脉象，又提出三部九候脉诊法和人迎气口脉诊法。《难经》最早提出寸口脉诊法，并论述脉学的基本理论。但从总体来看，当时尚未形成专著。

两汉时期，脉诊已普遍应用于临床，成为中医诊病的重要组成部分。东汉医家张仲景《伤寒杂病论》是将脉法成功应用于诊疗实践的名著，书中将脉、病、证、治融为一体，充分体现出东汉时期医家的丰富脉诊经验。然而脉学虽不断发展，但缺乏全面的整理和理论的提高。至魏晋时期，王叔和对脉学进行了第一次较系统的总结，撰成《脉经》，才奠定了我国脉学发展的基础。

王叔和，魏晋时期医学家。名熙，高平（一说山东省济宁市，一说山西省高平市）人。早年曾是游方医，据传因医术精湛，被选任为太医令。宋代张杲《医说》引张湛《养生要集》，言及王叔和"博好经方，尤精诊处，洞识摄养之道，深晓疗病之源"，并记述王氏重视饮食调摄的养生主张。唐代甘伯宗《名医传》称其"性度沉静，通经史卜，穷研方脉，精意诊切，洞识摄养之道"。近代有学者认为，王氏任晋太医令之事有待进一步考证。

王叔和对医学的贡献一方面是系统总结脉学，撰著《脉经》；另一方面是整理编次《伤寒杂病论》。《伤寒杂病论》成书后屡遭战乱兵燹，不久即散佚，是王叔和首先对该书有关伤寒的内容进行收集、整理和重新编次，使之得以流传后世，极大地促进了晋唐以后临证医学的发展。王叔和对伤寒部分的整理，以张仲景所论各种治疗方法的"可"与"不可"对内容进行编次排列，如"不可发汗证""可发汗证""不可灸证""可灸证"等，由此开按治法分类研究《伤寒杂病论》之先河。张仲景的《伤寒杂病论》经王叔和整理编次得以流传后世，对中医学的发展产生深远影响。但后世医家对其编次《伤寒杂病论》褒贬不一。如明清有些医家对王氏多有非议，指责王叔和对张仲景原著"多所改易窜乱"，使后人无法窥其原貌，以致形成"错简"一派。然而赞誉者认为张仲景之伤寒学经王叔和之力而得以保存至今，若无叔和编次之举，仲景之书恐早已湮没，如元代王安道赞其"功莫大矣"。王氏距张仲景生活年代最近，所编之书也比较接近张仲景原著内容，伤寒学说没有失传，王叔和功不可没。

王叔和博通经方，精于诊病，在临床中体会到脉诊的重要性。但当时诊脉缺乏规范和统一，给诊病带来诸多不便。如《脉经序》指出："脉理精微，其体难辨，弦紧浮芤，展转相类，在心易了，指下难明。"说明准确体察脉象尤难，若指下有误，必致贻误病人。可是当时流传的上古脉学文献，多深奥难懂，且零散而不系统，于是王叔和系统地整理总结《内经》《难经》及扁鹊、华佗、张仲景等医家的有关论述，并结合自己的临床经验，著成《脉经》。

《脉经》十卷九十八篇，包括脉诊、脉形、脉象与脏腑关系、脉象阴阳分辨以及妇人、小儿脉的辨识等。

《脉经》重点阐述脉学，还论述针灸理论和临证治疗。对经络和辨证取穴的针灸法，尤其是脉诊与脏腑经络辨证的结合、针灸和药物并用的治疗方法都有精辟论述，对针灸临床也有指导意义。《脉经》也涉及相当多的伤寒内容，对后世张仲景学说的研究颇有启迪。

王叔和所著《脉经》是我国现存最早的脉学专著，它确立和完善了"独取寸口"的诊脉方法，在规范脉名、确定各种脉象特点以及寸关尺分属脏腑等方面都做出贡献，从而促进了中医临证医学的发展。

2.皇甫谧与《针灸甲乙经》

魏晋南北朝时期的针灸学取得了显著成就，出现了我国现存最早的针灸学专著——皇甫谧的《针灸甲乙经》。该书对《内经》《难经》及秦汉时期的针灸进行了系统的整理与总结，为后世针灸学的发展奠定了基础。

皇甫谧（215年—282年），魏晋时期人。字士安，幼名静，晚年自号玄晏先生，安定郡朝那（今宁夏回族自治区固原市）人，后随叔父迁居新安（今属河南省洛阳市）。谧自幼家境贫困，躬自耕作，但暇必读书，竟废寝忘食，对经史百家颇有研究。性情沉静，勤于著述。一生所著甚丰，有《帝王世纪》《高士传》《逸士传》《列女传》《玄晏春秋》等史学著作，是一位颇有名望的学者。《晋书·皇甫谧传》言其"有高尚之志，以著述为务"，宋代林亿在校订《针灸甲乙经》的序言中称皇甫谧"博综典籍百家之言"。晋武帝曾征召他入朝为官，被婉言谢绝。他在《释劝论》中阐述医学的重要性，钦佩历代名医的精湛医术，如言"若黄帝创制于九经，岐伯剖腹以蠲肠，扁鹊造虢而尸起，文挚徇命于齐王，医和显术于秦晋，仓公发秘于汉皇，华佗存精于独识，仲景垂妙于定方"，表示要发奋学医，精研岐黄。晋武帝爱惜其才华，赐予其很多书籍。

皇甫谧平素羸弱，加之长年劳累，常服寒食散，致使精神衰颓。四十二岁时他罹患风痹症，而后潜心钻研医学，"习览经方，手不辍卷，遂尽其妙"，致力针灸研究。他深感当时针灸书籍"其义深奥，文多重复，错互非一"，不易学习和流传，故以《素问》《针经》《明堂孔穴针灸治要》三部医籍中有关针灸内容为依据，总结秦汉以来针灸之成就，并结合自己的临证经验，于魏甘露年间（256—260年）编撰成《黄帝三部针灸甲乙经》（简称《针灸甲乙经》或《甲乙经》）。这是我国现存最早的一部针灸学专著。皇甫谧尚有《寒食散论》一卷，可惜未传后世。

《针灸甲乙经》十二卷，一百二十八篇。内容丰富，既叙述人体脏腑的生理功能和病理变化，又重点归纳整理经脉腧穴、考订腧穴部位、临证针灸治疗和操作手法。一至六卷是中医学的基本理论与针灸学的基本知识；七至十二卷是临床经验总结，包括各种疾病的病因、病机、症状和腧穴主治。该书按生理、病理、诊断、治疗等内容进行归类编排，层次清晰。

皇甫谧对《素问》《针经》《明堂孔穴针灸治要》三部医书所述及

的腧穴进行全面系统的归纳整理，如对腧穴的名称、部位、取穴法等逐一考订，重新厘定腧穴位置，并增补新穴位。《针灸甲乙经》整理厘定的腧穴有三百四十九个，其中双穴三百个，单穴四十九个，比《内经》多一百八十九个穴位。经《针灸甲乙经》整理、定位的腧穴在很长时期内成为针灸取穴的标准。

总之，《针灸甲乙经》是《内经》《难经》之后对针灸学的第一次全面总结。它把针灸治疗和脏腑经络的生理、病理紧密结合起来，对人体腧穴、针灸操作方法和临证治疗等都进行了较系统的论述，确立了针灸的理论体系，并为针灸成为临床独立学科奠定了基础。

最早系统总结脉学的专著——《脉经》

《脉经》是我国现存最早的一部系统论述脉学的专著，由晋代医学家王叔和于西晋初年（266年）至武帝太康三年（282年）间撰成。历史上还出现过其他《脉经》，如黄公兴、秦承祖等所著的《脉经》，但均已散佚。

王叔和的《脉经》是对3世纪以前脉学的系统总结，共十卷，摘录了《内经》《难经》《伤寒论》《金匮要略》及扁鹊、华佗等有关论说，对脉理、脉法进行阐述分析，首次把脉象归纳为浮、芤、洪、滑、数、促、弦、紧、沉、伏、革、实、微、涩、细、软、弱、虚、散、缓、迟、结、代、动等多种，并对每种脉象的形象、指下感觉等做了具体的描述，指出了一些相似脉象的区别，分八组进行排列比较。初步肯定了左手寸部脉主心与小肠、关部脉主肝与胆，右手寸部脉主肺与大肠、关部脉主脾与胃，两手尺部主肾与膀胱等寸关尺三部的定位诊断，为后世中医脉学的发展奠定了重要的基础。唐宋医家将该书奉为经典。此书还流传到阿拉伯、日本等国家和地区，对当地脉学的形成和发展产生了深远影响。

药物学的丰富与中药炮制

魏晋南北朝时期，药物学有了进一步的发展，药物知识和用药经验不断丰富，药物品种也日益增多。此时，一批药物学著作相继出现，见于史籍记载的药物学专著已达一百余种。吴普《吴普本草》和陶弘景《本草经集注》成为这个时期药物学成就的代表。尤其是《本草经集注》，不但增加了药物品种，而且确定了本草学的科学分类、体例和本草著作的编写模式，对后世中药学的发展影响深远。

《吴普本草》是由东汉名医华佗的弟子吴普所著，首见于南朝梁阮孝绪《七录》和陶弘景的《本草经集注·序录》，是中国历史上第一部有明确作者的本草学著作。

《吴普本草》约在北宋时亡佚，该书内容大部分被唐宋时期的医学著作和类书等引载，如欧阳询《艺文类聚》、徐坚《初学记》等。其中以宋代李昉等所编《太平御览》为最多，共引载药物一百多味。此外，《嘉祐本草》引载药物约四十味，唐慎微《证类本草》引载药物约二十味，苏颂《本草图经》引载药物约六味。《吴普本草》现有三种辑复本存世，一是清代焦循辑佚的《吴氏本草》，收药一百六十余种；二是当代尚志钧辑佚的《吴普本草》，收药二百多种；三是当代严世芸等主编的《三国两晋南北朝医学总集·吴普本草》。

《吴普本草》原书六卷，收药四百余种。该书反映了《神农本草经》成书后至汉魏时期民间医家的用药经验，而且保存了早期重要本草学文献，对后世有一定影响。

《神农本草经》问世后，历经东汉至魏晋南北朝四百多年，本草学有进一步发展，药物知识和用药经验逐步积累丰富，新药品种不断增多。为此，南朝梁医家陶弘景对这一时期的药物进行系统总结，撰成《本草经集注》。

陶弘景在医疗实践中有感于魏晋以来的本草书，"或三品混糅，冷热舛错，草石不分，虫兽无辨"，不能很好地指导临床用药，决心对本草书勘订整理。他不但认真总结前人药学成果和自己用药心得，而且注重收集民间用药经验，遂以《神农本草经》为基础，撰成《本草经集注》。

《本草经集注》是陶弘景在整理充实《神农本草经》三百六十余种药物的基础上，又从《名医别录》中选出三百六十余种药物合编而成的一部药物学著作。其中新增的药物用墨笔书写，《神农本草经》原收载的药物则用朱笔书写。这种方式有助于后人对古医药文献的研究。《本草经集注》共七卷，收载药物超过七百种。

鉴于《神农本草经》的"三品分类法"不能准确反映药物性能，于是陶氏创用按照药物自然属性的分类法，将药物分为玉石、草木、虫兽、果、菜、米食、有名未用等类。陶氏所制的药物自然属性分类法是药物分类的进步，沿用近千年，成为我国古代药物分类的标准。

中药炮制，由来已久。《黄帝内经·灵枢·邪客》篇中"半夏秫米汤"中的半夏，已注明经过炮制；《伤寒杂病论》对药物炮制要求记载甚详,如麻黄去节、杏仁去皮尖、牡丹皮去心、大黄用酒浸等。自汉代以来,中药炮制方法不断改进,经验不断积累,至南朝宋时,出现我国第一部炮制学专著——雷敩的《雷公炮炙论》。

雷敩,南朝宋药学家。其生平事迹,各家文献记载不一,明代徐春甫在《古今医统》中称"雷公为黄帝臣,姓雷名敩"。北宋苏颂则说雷公是隋人。言雷敩为南朝宋人,大多依据南宋赵希弁摘编的《郡斋读书后志》之说:"《雷公炮炙》三卷,古宋雷敩撰,胡洽重定,述百药性味炮熬煮炙之方。"重定者胡洽原名为胡道洽,后因避讳而改名,系南朝宋人。李时珍《本草纲目·序例》也提出:"《雷公炮炙论》,刘宋时雷敩所著,非黄帝时雷公也。"目前,多数学者认为,《雷公炮炙论》为南朝宋雷敩所撰。

《雷公炮炙论》在元代前后亡佚,其内容被历代本草著作引用。北宋唐慎微《证类本草》收载该书二百三十四种药物,明代李时珍《本草纲目》也转录其二百五十四种药物。明代李中梓曾辑录该书,但错误缺漏不少。

魏华存撰《黄庭内景经》

魏华存（252—334年），字贤安，任城（今山东省济宁市）人，晋司徒魏舒之女，世称魏夫人。她聪颖过人，饱读书籍，小时候对中国的道教非常着迷，希望自己能成仙得道。她经常食服那些吐纳摄生的胡麻散、茯苓丸等药物，以求长生不老。二十四岁时她被迫与太保掾刘乂结婚，生了两个孩子。不久以后，魏华存便因丈夫外任，孩子渐大，开始悉心研究道家经典，成为一名虔诚的道教徒。约在晋太康九年（288年），魏华存得到《黄庭内景经》草本，遂为其注述（或由道士口述，华存记录并详加诠次），撰为定本。《黄庭内景经》又名《太上琴心书》《东华玉篇》《大帝金书》《上清黄庭内景玉经》，为七言韵文，以中医学人身脏腑各有所主理论为基础，结合道教人身百脉关窍各有司神之说，提示以"存思"为主的修炼要诀。该书是宗教思想与气功医学相结合的一部道书，被道教徒誉为"致神仙""不死之道"的真文，为早期上清派所崇奉，倾注了魏华存全部的心血，为道教和医学的发展做出了积极的贡献，具有很高的价值。魏华存因中原战乱，携子渡江，栖于衡山。她也因其撰定的《黄庭内景经》被道教徒尊奉为南岳真人、南岳夫人。

扩展阅读　祖暅与"祖暅原理"

祖暅为南朝著名科学家祖冲之之子，也是一位杰出的数学家和发明家。在天文方面，祖暅继承父业，曾著《天文录》三十卷。他父亲制定的《大明历》就是经他三次向梁朝朝廷建议才被正式采用的。祖暅心灵手巧，曾制造出计时用的漏壶，非常准确，并有一部《漏刻经》留世。

在数学方面，祖暅的最大贡献就是继承父亲的数学天赋和能力，创立了球体体积的正确算法。其计算原理是，位于两平行平面之间的两个等高的立体图形，被任一平行于这两平面的平面所截，如果两个截面的面积相等，则这两个立体图形的体积相等。这一原理在祖暅以后一千多年才由意大利数学家卡瓦列利发现，在西方被称为"卡瓦列利原理"。为了纪念他发现这一原理的重大贡献，数学界也称这一原理为"祖暅原理"。